JUN MIKAMIを編む　三上 純

はじめに	4
Vネックワンピース	6・53
ワンショルダープルオーバー	8・58
カーディガン	10・65
Vネックプルオーバー	12・70
ブルマー	12・62
レギンス	14・74
フーディ	16・80
グローブ	18・77
タビソックス	19・83
サッシュベルト	20・22
プリーツスカート	24・26
ボディスーツ	28・30
クルーネックプルオーバー	32・86
タイトスカート	32・34
アランセーターリメイクⅠ	38・40・42
アランセーターリメイクⅡ	39・41・44
製作後記	37
作品解説	45
編み物の基礎	46

わたしの考える編み物の最大の特性として、
「マテリアルとパターンが同時進行で形成される」という点が挙げられます。
1目1目が生地であり、フォルムを左右する一手となります。
わたしが編むという技法を愛する所以はまさにそこにあるといえます。
マテリアル・ディテール・パターンが三位一体となって
1本の糸から生み出される様を見たいがために
わたしは次から次へと編み続けているのかもしれません。
ただの1本の糸だったものが形を持ち、別の何かになるという感動を
読者の皆さんにも体験していただきたく、本書を上梓いたします。

三上 純

Vネックワンピース　　HOW TO KNIT P.53

材料　DARUMA メリノスタイル並太 ベージュ (4) 665g
素材　ウール (メリノウール) 100%
寸法　バスト97cm／着丈109cm
備考　JUN MIKAMI 2016-17A/W

ワンショルダープルオーバー　　　　　　　　　　　　HOW TO KNIT P.58

材料　ハマナカ ソノモノアルパカウール オフホワイト(41) 510g
素材　ウール60%・アルパカ40%
寸法　バスト86.5cm／着丈54cm

カーディガン　　　　　　　　　　　　　　HOW TO KNIT P.65

材料　パピー ブリティッシュエロイカ 杢ベージュ（143）1400g
素材　ウール100%（英国羊毛50%以上使用）
寸法　後ろ身幅65cm／着丈61.5cm

Vネックプルオーバー	HOW TO KNIT P.70

材料　パピー フォルトゥーナ キャメル(2208) 380g
素材　カシミヤ100%
寸法　バスト92cm／着丈47.5cm

ブルマー	HOW TO KNIT P.62

材料　パピー フォルトゥーナ キャメル(2208) 70g
素材　カシミヤ100%
寸法　ウエスト66cm／前丈23.5cm

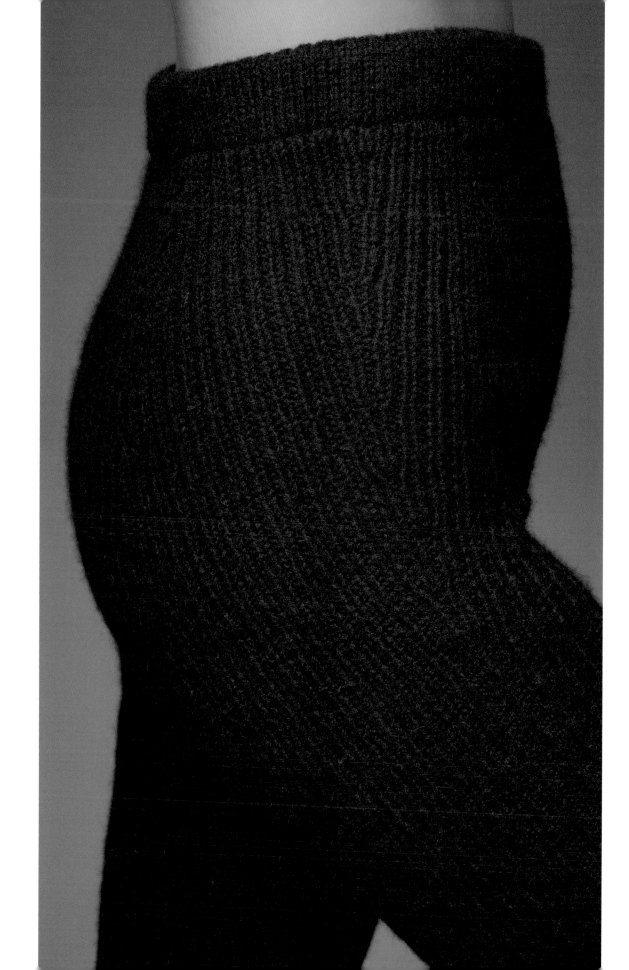

| レギンス | HOW TO KNIT P.74 |

材料　DARUMA 空気をまぜて糸にしたウールアルパカ 黒(9) 620g
素材　ウール(メリノ)80%・アルパカ(ロイヤルベビーアルパカ)20%
寸法　ウエスト88cm／パンツ丈117cm
備考　JUN MIKAMI 2017-18A/W

フーディ　　　　　　　　　　　　　　　　　　　HOW TO KNIT P.80

材料　リッチモア カシミヤ 黒(115) 160g
素材　カシミヤ100%
寸法　顔回り53cm／ストール長さ60cm

グローブ　　　　　　　　　　　　　　HOW TO KNIT P.77

材料　パピー フォルトゥーナ キャメル (2208) 170g
素材　カシミヤ100%
寸法　手首回り19cm

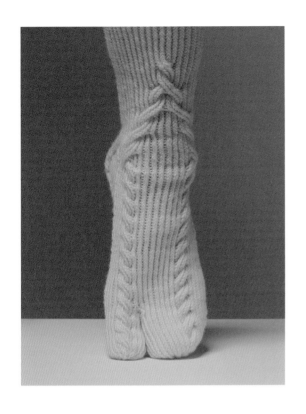
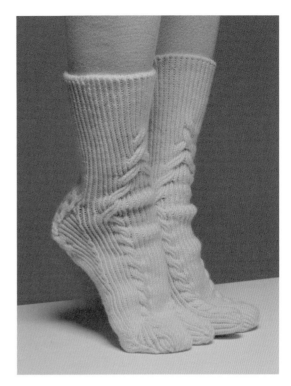
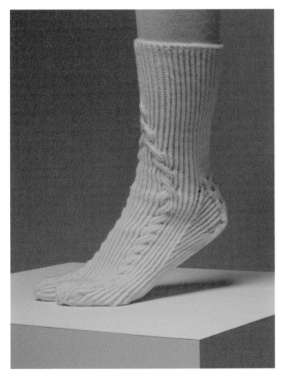
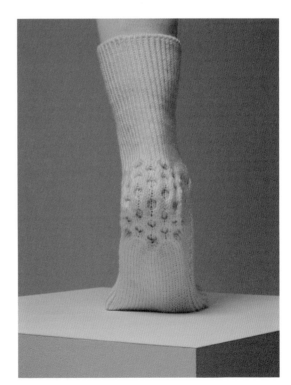

タビソックス　　　　　　　　　　　　　HOW TO KNIT P.83

材料　DARUMA 空気をまぜて糸にしたウールアルパカ
　　　オフホワイト（1）235g
素材　ウール（メリノ）80%・アルパカ（ロイヤルベビーアルパカ）20%
寸法　足首回り24m／足のサイズ約24cm

サッシュベルト　　　　　　　　　　　　　　　HOW TO KNIT P.22

材料　DARUMA メリノスタイル並太 ダークグレー(18) 65g
素材　ウール(メリノウール)100%
寸法　幅10cm／長さ149cm

サッシュベルト P.20

- [糸] DARUMA メリノスタイル並太
  ダークグレー(18) 65g
- [用具] 4号2本棒針
- [ゲージ] バスケット編み
  モチーフの1辺が2.5cm
- [サイズ] 幅10cm／長さ149cm
- [編み方] 糸は1本どりで編みます。

ベルトAは指に糸をかけて目を作る方法で9目作り目し、ガーター編み、メリヤス編みで増しながら編みます。続けて本体をバスケット編みで①〜⑬の順に編みます。モチーフ⑩と⑬、⑪と⑫をすくいとじします。再びベルトBをガーター編み、メリヤス編みで減らしながら編んで伏止めにします。

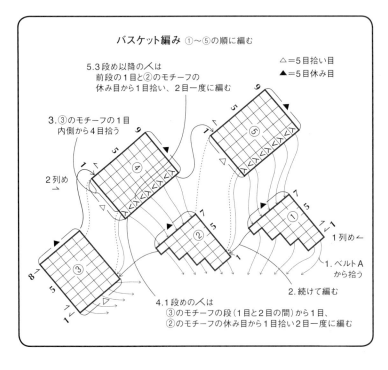

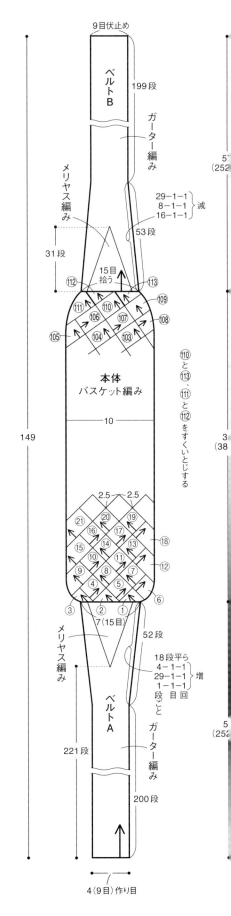

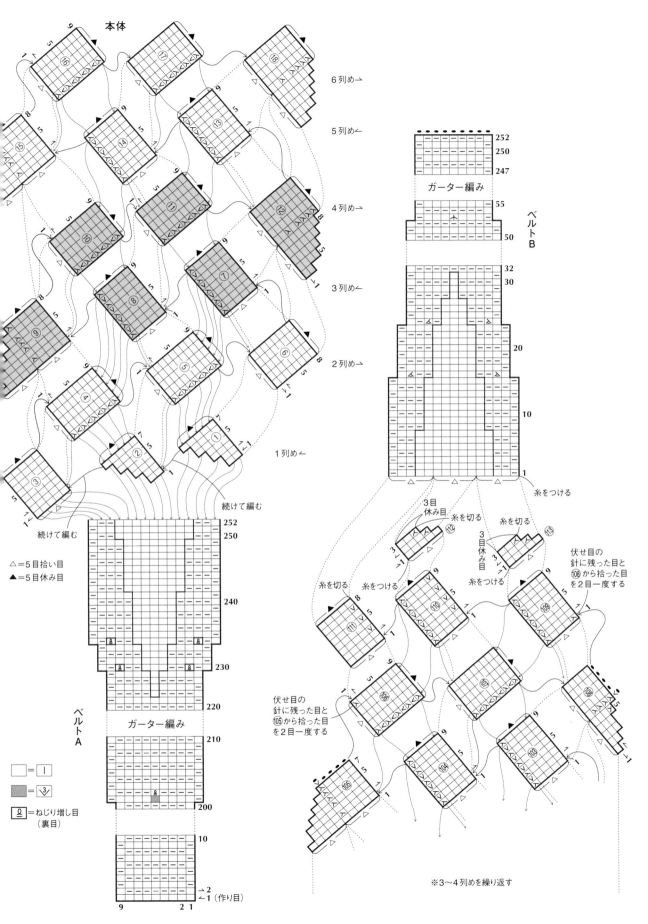

プリーツスカート　　　　　　　　　　　　　　HOW TO KNIT P.26

材料　ハマナカ エクシードウールL《並太》オフホワイト(301) 490g、
　　　ハマナカ アルパカモヘアフィーヌ 白(1) 200g
素材　ウール(エクストラファインメリノ)100%、
　　　モヘヤ35%・アクリル35%・アルパカ20%・ウール10%
寸法　ウエスト67.5cm／スカート丈95cm
備考　JUN MIKAMI 2015-16A/W

プリーツスカート P.24

- [糸] ハマナカ エクシードウールL《並太》オフホワイト(301)490g、ハマナカ アルパカモヘアフィーヌ 白(1)200g
- [用具] 7号・8号2本棒針、5/0号かぎ針
- [ゲージ] 裏メリヤス編み(エクシードウールL《並太》) 21目が10cm 12段が4cm
  メリヤス編み(アルパカモヘアフィーヌ) 21目が10cm 6段が2.5cm
- [サイズ] ウエスト67.5cm／スカート丈95cm
- [付属品] かぎホック フック部分の幅1.2cm 1組み
- [編み方] エクシードウールL《並太》は1本どり、アルパカモヘアフィーヌは2本どりで編みます。
スカートは指に糸をかけて目を作る方法で200目作り目し、裏メリヤス編み、メリヤス編みでウエスト側で引返しをしながら編んで伏止めにします。作り目側と伏止め側をメリヤスはぎにします。ウエスト側の△部分をたたみ、プリーツを引抜き編みで整えます。引抜き編みから目を拾い、ベルトを裏メリヤス編みで編んで伏止めにします。ベルトを内側に折ってまつり、両端をすくいとじにします。かぎホックをつけます。

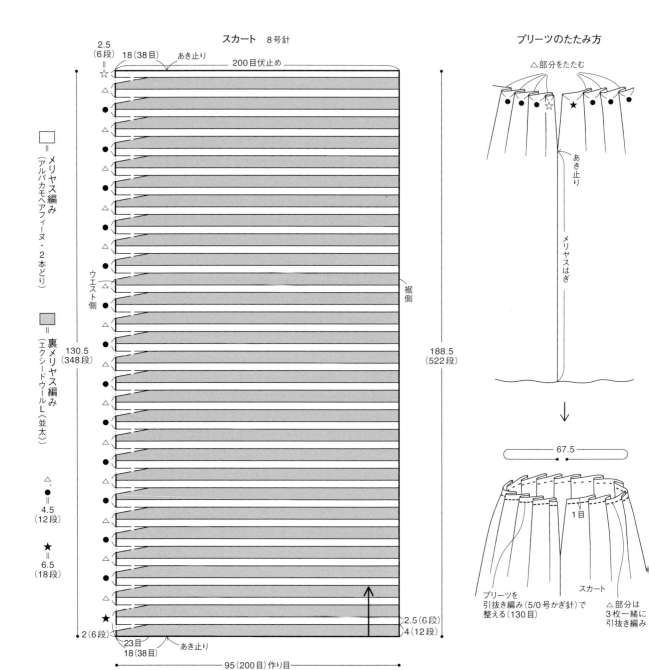

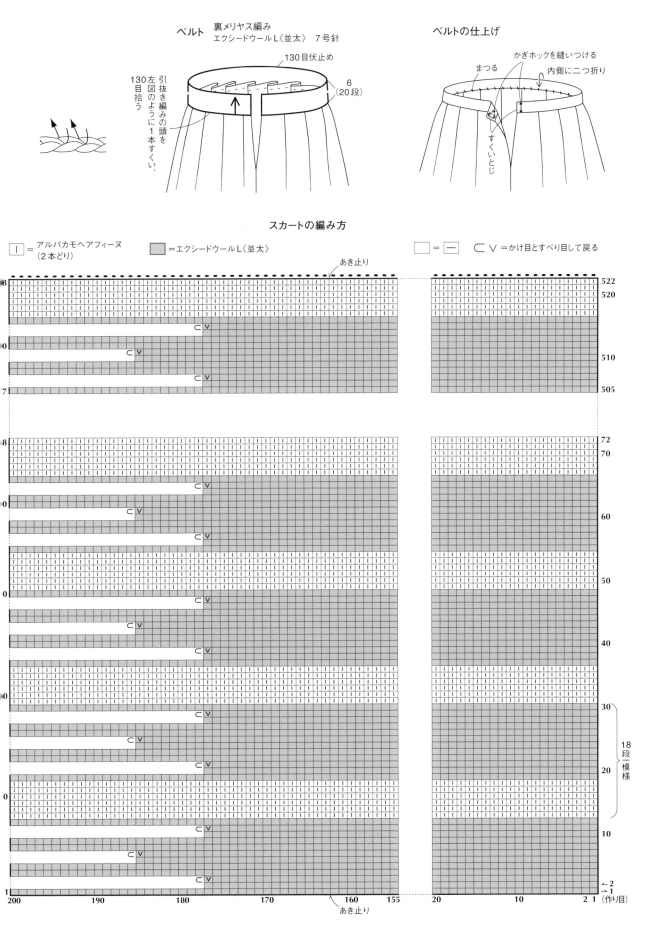

ボディスーツ		HOW TO KNIT P.30
材料	ハマナカ ソノモノアルパカリリー 杢グレー(114) 350g	
素材	ウール80%・アルパカ20%	
寸法	バスト92cm／前丈69cm	
備考	JUN MIKAMI 2016-17A/W	

ボディスーツ P.28

[糸] ハマナカ ソノモノアルパカリリー 杢グレー（114）350g
[用具] 4号・8号2本棒針
[ゲージ] かのこ編み 20目27.5段が10cm四方　メリヤス編み 26目34段が10cm四方
[サイズ] バスト92cm／前丈（クロッチ分を除く）69cm
[付属品] スナップ（10mm）2組み
[編み方] 糸は1本どりで編みます。
後ろクロッチは1目ゴム編みで目を作る方法で20目作り目し、1目ゴム編みで編み、続けて後ろブルマーの両脇をかのこ編み、中央をメリヤス編みで引返しをしながら編みます。続けてウエストを2目ゴム編みで編み、後ろ身頃をかのこ編みで編みます。前クロッチ、前ブルマー、前身頃は後ろと同様に編み、前あき部分を伏せ目にします。袖は2目ゴム編みで目を作る方法で46目作り目し、2目ゴム編み、かのこ編みで編み、編終りを伏止めにします。前端をかのこ編みで編み、編終りは伏止めにします。肩を引抜きはぎにします。衿を2目ゴム編みで編み、編終りは2目ゴム編み止めにします。脇、袖下をそれぞれすくいとじにします。袖を引抜きとじでつけます。前後クロッチにスナップをつけます。

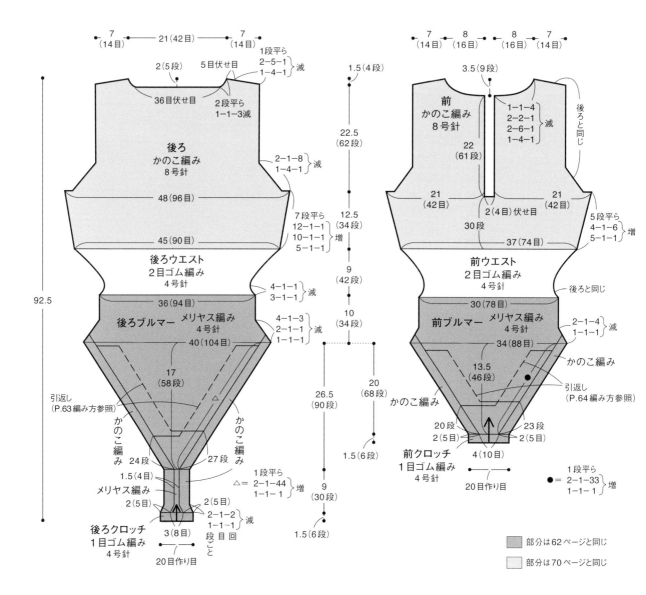

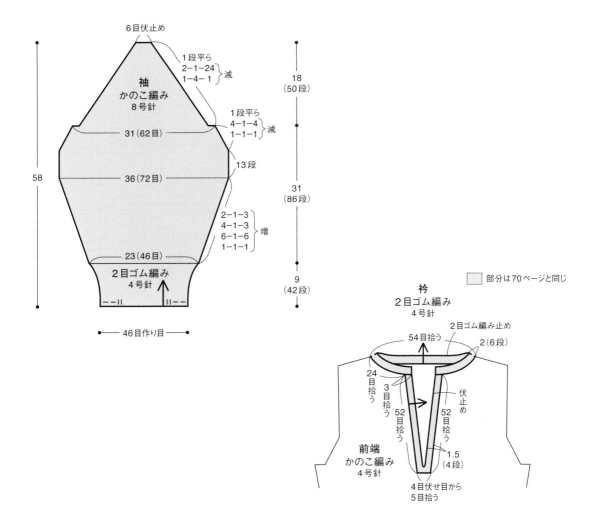

ウエストの減し方（前後共通）

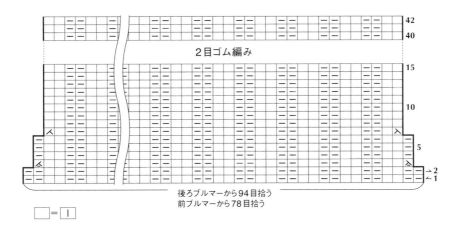

クルーネックプルオーバー	HOW TO KNIT P.86

材料　DARUMA メリノスタイル並太 ダークグレー(18) 1220g
素材　ウール(メリノウール)100%
寸法　バスト153cm／着丈64cm

タイトスカート	HOW TO KNIT P.34

材料　DARUMA メリノスタイル並太 ダークグレー(18) 360g
素材　ウール(メリノウール)100%
寸法　ウエスト69cm／スカート丈85cm

タイトスカート P.32

[糸] DARUMA メリノスタイル並太 ダークグレー(18) 360g
[用具] 6号2本棒針、6号4本棒針
[ゲージ] 2目ゴム編み 22目32段が10cm四方
[サイズ] ウエスト69cm／スカート丈85cm
[付属品] ゴムテープ 2cm幅71cm
[編み方] 糸は1本どりで編みます。

スカートは2目ゴム編みで目を作る方法で188目作り目し、2目ゴム編みで116段往復に編みます。117段めから輪に編みますが、輪にするときにスリット止りの伸び防止に116段めの188目めと1目めの目を入れ替えて編みます。脇の部分を増減して編みます。続けて表ベルトをメリヤス編み、裏ベルトを裏メリヤス編みで編み、編終りは伏止めにします。ゴムテープを輪にして縫い、裏ベルトを内側に折った中に入れ、まつります。

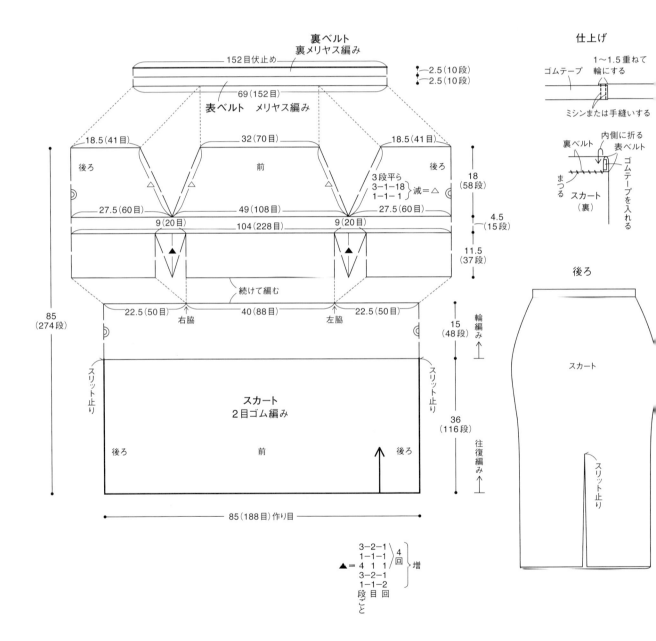

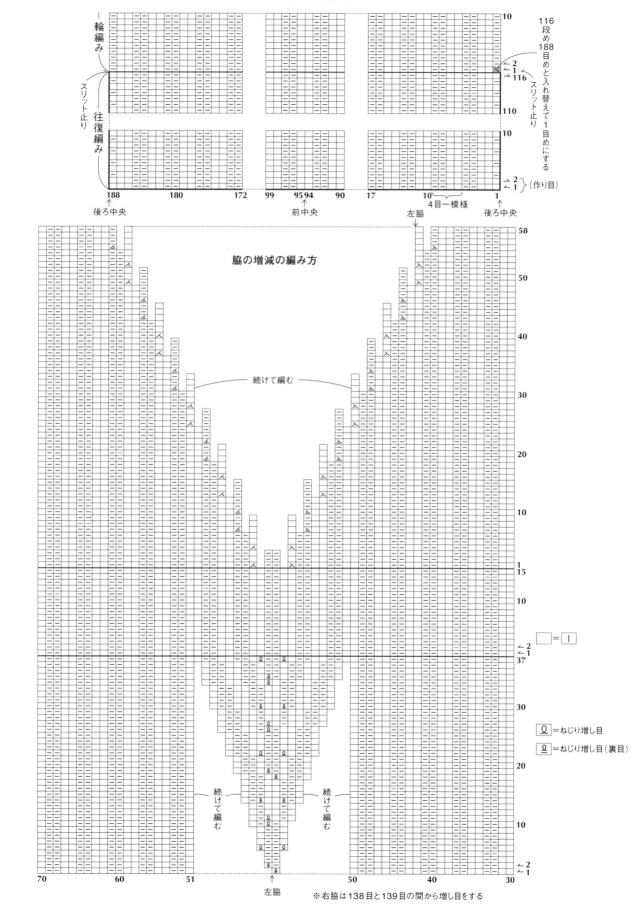

JUN MIKAMIは2011年の秋にハンドニットを中心としたブランドとしてスタートしました。当時は、糸を自宅の浴室で染色するなど、非常に手作り色の強いブランドとして認知されていたように思います。シーズンを追うごとに立ち上げた当時の面影は薄れ、それと共にハンドニット以外のアイテムも徐々に増えていきましたが、それでもわたしの手編みへの興味が途切れたことは、一度たりとしてありませんでした。先人達の試行錯誤と修練により、技法は既に出尽くしていると言ってしまえばそれまでですが、それを超えた閃きを求めて悪戦苦闘する毎日です。
本書には、過去にJUN MIKAMIで発表したアイテムが何点か登場します。今回、掲載した作品(あえてそう呼ばせてください)は、そのアーカイブの中からとりわけボディコンシャスなものを中心に選びました。なぜならば、マテリアル・ディテール・パターンのいずれにも一切のごまかしがきかないからです。Vネックワンピース(P.6)、ボディスーツ(P.28)など、そのどれもが、先述した"編むという技法がもたらす三位一体感覚"を兼ね備えた自信作です。こうしていくつかのアイテムを編み方解説として掲載するにあたり、過去作を見直す機会を得たことで、自分が何に重きを置いて手編みを探求してきたのかということがクリアになったように思います。
また、本書のための新作には、普段わたしがJUN MIKAMIで手掛けるものとは違った趣を与えたく、細かなディテールや手間のかかる作業を存分に盛り込んだものを製作しました。ビジネス度外視で誰にも気兼ねすることなく、そういった作品を製作できたことは、わたしにとって非常に刺激になる時間でした。
本書を通して、わたしの得た気づきと、新たな刺激を読者の皆さんと共有できれば何よりです。
最後に、この後のページに続くリメイクについて触れさせてください。わたしの行なうリメイクは、できる限り元々使われていた糸を利用することをモットーにしています。よって、いかに糸を無駄にせずに編み地をほどき、糸に戻せるかが鍵となります。ほどくという作業は編むことよりもはるかにスリリングです。それを、わたしはまるで医療ドラマで見る外科手術のようだと感じます。「こことあそこはきっと繋がっているはず…」「間違ったところを切ってしまったら一貫の終わりだ…！」などとハラハラドキドキしながら古いセーターをほどくのです。そして、切除したパーツを一度糸に戻したのちに新たなパーツとして再構築します。一進一退の移植手術を経て、古いセーターがあたかも元々そうであったかのような自然さで新しいセーターに生まれ変わります。
本書にはその可能性の一例のみを掲載したにすぎません。
皆さんの閃きのヒントとしていただければ幸いです。

REMAKE

アランセーターリメイクⅠ　　　　HOW TO REMAKE P.42

材料　アランセーター（ヴィンテージ）
素材　ウール100％
寸法　バスト114cm／着丈56cm

REMAKE

アランセーターリメイクⅡ　　HOW TO REMAKE P.44

材料　アランセーター（ヴィンテージ）
素材　ウール100%
寸法　バスト92cm／着丈57cm

REMAKE

ここでは、ヴィンテージのアランセーターのリメイクの一例をご紹介します。
セーターを選ぶ際の注意点として、はぎがロックミシンで処理されていないものを選ぶこと。
P.38、40の作品のように衿もとに手を加える場合は、ヨークが輪編みではないものを選ぶこと。
P.39、41の作品のようにサイドにスリットを入れる場合は、身頃が輪に編まれていないものを選ぶこと。
元のセーターのサイズ、ディテールを生かすにはどこに、どのようなリメイクを施せば
よりすてきに生まれ変わらせることができるのか、それを考えるのも醍醐味の一つといえます。

アランセーターリメイクI　P.38・40

［材料］　　アランセーター（ヴィンテージ）
［用具］　　9号2本棒針、9号輪針60cm2本、とじ針、段数マーカー、かせくり器、玉巻き器、アイロン、アイロン台
［サイズ］　バスト114cm／着丈56cm（AFTER）
［ポイント］①②は写真プロセスで解説しています。□＝ほどく部分。
① 前後身頃を胸下までほどき、その糸を使って裾のリブを編み変えました。
② ウエストを絞るために、減目をしてダーツを入れています。
③ 袖は、手首よりもやや上までほどき、袖口のリブを細長く編むことでシルエットにボリュームが出るように編み変えています。
④ 衿ぐりのリブのすべてと右肩のはぎをほどき、あきを右肩まで広げました。
⑤ 衿ぐりのリブを編み直し、ガーター編みでボータイを編み足しました。

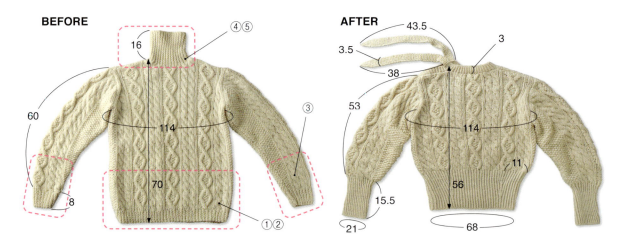

脇のとじ目をほどく

裾からどのくらいの長さまでほどくかを決め、セーターを裏返す。とじ針で糸を引き出しながら、前後の糸のつれぐあいを見てとじ糸を探す。

とじ糸に段数マーカーをかけて印をする。

マーカーを外し、とじ糸を引き出して1か所切

針で引っ張りながら脇のとじ目をほどいて。

片側の脇をほどいたところ。

もう片側も同様にほどく。

頃の下部分をほどく

返し、再度どの位置までほどくかを見極めなるべく模様編みのきりのいい部分でほどく。

このセーターでは、縄編みの交差した部分でほどくので、交差の延長線上に段数マーカーをかけて印をする。印をした糸の1段下をはさみの先でカットする。

とじ針を使って、8でカットした糸をほどいていくと、上下にループ状の編み目が出るので、残す側の目を1本めの輪針で拾っていく。

糸をほどく

頃の下側を切り離したところ。このセーター、衿ぐりから39cmのところまでほどいた。

後ろ身頃の下側も同様に切り離す。

切り離した身頃2枚は、それぞれすべてほどいて玉にする。ほどいた糸を両手に巻きつけるか、かせくり器でかせ状にする。

伸ばして玉巻きにする

いた糸はくせがついているので、高温のスチームをかけて、ゆっくり糸を伸ばす。

上はスチームで伸ばす前の糸。下が伸ばした糸。

玉巻き器で糸を巻き取って玉巻きにする。このセーターでは4玉分できた。

43

裾を編む

16 前身頃の輪針にかかった糸を2本棒針で拾っていく。

17 巻き取った糸で前身頃を拾う。編み図を参照して、ねじり1目ゴム編みを編む。

18 1段めは1目ずつ全目拾う。

19 編み図を参照して前身頃の2か所で計16目減目をする（後ろ身頃は減目なしで編む）。最終段は1目ゴム編み止めをし、脇をすくいとじして、裾が完成。

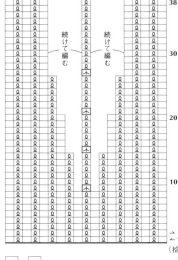

前裾リブの減目

☐ = −

人 = 中上3目一度（中央の目はねじり目）

アランセーターリメイクⅡ　P.39・41

［材料］　アランセーター（ヴィンテージ）
［用具］　9号2本棒針、9号輪針60cm2本、とじ針、段数マーカー、かせくり器、玉巻き器、アイロン、アイロン台
［サイズ］　バスト92cm／着丈57cm（AFTER）
［ポイント］　◌ =ほどく部分。

① 元のセーターの身頃と袖がひと続きにヨーク状に編まれていたため、衿ぐりの形状には手を加えずに、ダブルだった衿もとのリブをシングルに編み変えました。
② 身頃の両サイドを胸のあたりまでほどき、深めのスリットを入れました。
③ 裾のリブをほどき、その糸を使って裾とスリットに細めのリブを編み足しています。
④ 袖口のリブをほどき、袖下のとじをひじの下あたりまでほどいてスリットにし、身頃と同様に細めのリブをつけました。
⑤ 袖口のリブにガーター編みでベルトを編み足し、ボタンどめにしました。

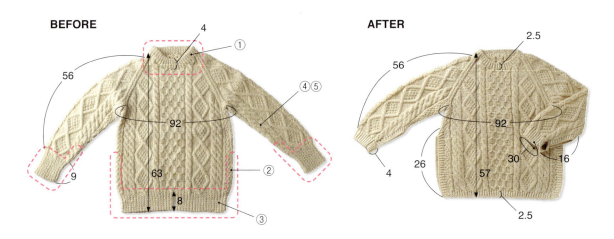

BEFORE　　　　　　　　　　　　AFTER

作品解説

Vネックワンピース
JUN MIKAMIより2016-17A/Wにリリースした、身体にぴったりとそったボディコンシャスなシルエットが特徴のワンピースです。サイドの増減目が描くグラフィカルな模様がボディラインを美しく見せてくれる一着です。

ワンショルダープルオーバー
毛糸の太さに対して、あえて細めの号数の棒針を使用し、ぎっちりと目を詰めて編みました。トラディショナルな模様とワンショルダーのかけ合せをお楽しみください。

カーディガン
透し状になった縄編みを袖と前身頃に配したベルテッドタイプのカーディガンです。難易度は高いですが、理屈は基本的な縄編みと同じですので臆することなく挑戦してみてください。

Vネックプルオーバー
P.28-29のボディスーツから展開したトップスです。カシミヤで編みました。本書では別ページでの掲載になりますが、プルオーバーとグローブをセットアップにしたスタイリングもぜひお試しください。

ブルマー
P.28-29のボディスーツから展開したブルマーです。上から別のボトムを重ねることを想定して1本どりで薄地に仕上げました。クロッチボタンつきなので、脱着のしやすい仕様になっています。

レギンス
JUN MIKAMIより2017-18A/Wにリリースしたリブ編みのレギンスです。ふくらはぎや、ヒップに入る増減目が立体的なシルエットをつくり出しています。やや長めの設定になっていますので、身長に合わせて股下の長さを調整されるとよいかと思います。

フーディ
肌当りのよいカシミヤで編みました。一体化したフードとストールが、頭から首を暖かく包みます。子どもっぽくならないよう、シックな色を選んで編まれるとすてきかと思います。

グローブ
カシミヤを贅沢に使った、トリガータイプのロンググローブです。左右の人さし指に、グローブをしたままスマートフォンを使えるように、指穴をあけました。手首の縄編み部分を配色にするなどのアレンジを施してもよいかもしれません。

タビソックス
耐久性も考慮し、目をしっかりと詰めて編んだタビ型のソックスです。足首から甲にかけての縄編みや、かかとのハニカム模様など、小さな面積の中にさまざまな編み地が共存する、編む楽しみにあふれる一品です。

サッシュベルト
P.32-33のクルーネックプルオーバー・タイトスカートと共糸のベルトです。バスケット編みの部分はきつく編みすぎると、丸まってしまうので注意が必要です。麻などの夏素材で編んでみてもすてきでしょう。

プリーツスカート
JUN MIKAMIより2015-16A/Wにリリースしたプリーツスカートです。掲載作はたっぷりとしたフロアレングスですが、丈は目数によっていかようにも調節が可能なので、お好みの丈で編んでみてください。プリーツの山と谷で色を変えると、また違った雰囲気の一着になります。

ボディスーツ
JUN MIKAMIより2016-17A/Wにリリースしたボディスーツです。ブランドを象徴する代表的なアイテムの一つといえます。素肌にも着用できるような肌ざわりのよい糸を選んで編まれることをおすすめします。

クルーネックプルオーバー
イギリスゴム編みで編んだビッグシルエットのプルオーバーです。メリノウールの質感と相まって、気持ちのよい弾力性のある編み地に仕上がりました。身幅のたっぷりとしたデザインなので、男性用に編まれてもよいかと思います。

タイトスカート
P.6-7のVネックワンピースから展開したスカートです。スリット止りは、動きによっての負荷がかかるため、シンカーループがゆるみやすくなります。116段めの最後の目と117段めの1目めを入れ替える操作は、このゆるみを防ぐ効果があります。

わたしの作品の特徴として、ほとんどの作品の作り目（2段めまで）以降は、編始めと編終りの1目を常に裏目を編むという一風変わったルールがあります。そうすることで、両端の目のテンションを一定に保ち、編み地のゆがみを防ぐことができます。裏編みは、糸を上から下へ引き抜くという技法上、ループを引き締めて編みたい場合には適しているように、わたしは感じています。そうして編んでいくと、結果として両端の1目ずつがかのこ編み状になります。交互になった裏目と表目が、奇数段・偶数段を見分ける目印としても役立ちます。

編み物の基礎

[製図の見方]

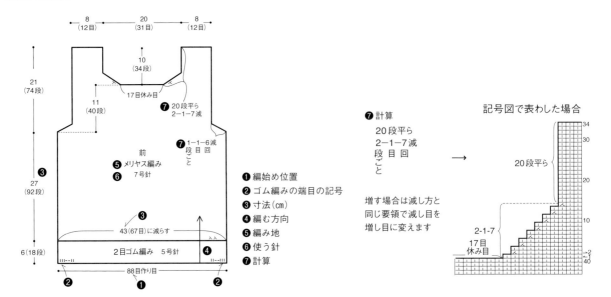

[ゲージのはかり方]

ゲージとは編み目の大きさのことで、一般的には編み地10cm四方の目数×段数を表わしたものです。
まずは、試し編みをして指定のゲージより目数、段数が多い場合は針を太く、少ない場合は針を細くして調整します。

[作り目]

指に糸をかけて目を作る方法

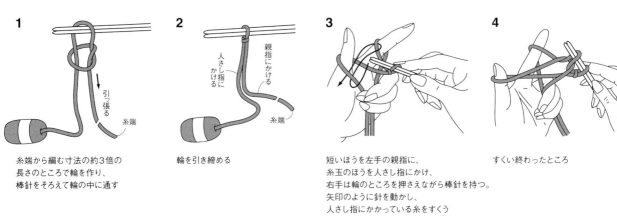

1 糸端から編む寸法の約3倍の長さのところで輪を作り、棒針をそろえて輪の中に通す

2 輪を引き締める

3 短いほうを左手の親指に、糸玉のほうを人さし指にかけ、右手は輪のところを押さえながら棒針を持つ。矢印のように針を動かし、人さし指にかかっている糸をすくう

4 すくい終わったところ

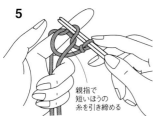

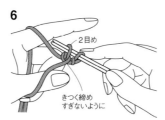

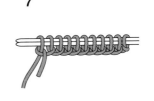

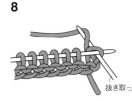

5 親指にかかっている糸をはずし、はずした糸の内側から親指を入れ、目を締める

6 親指と人さし指を最初の形にする。**3~6**を繰り返す

7 必要目数を作る。これを表目1段と数える

8 2本の棒針から1本を抜き、糸のある側から2段めを編む

1目ゴム編みで目を作る方法（すべり目の1目ゴム編み） ※各編み方図は☑の代わりに☐で記載

1

針を矢印のように回し、
1目め（裏目）を作る

2

2目め（表目）は、
針を矢印のように回し、
人さし指側の糸をかけて作る

3
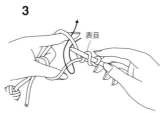
2、3を交互に繰り返す。
最後は、表目を作る

4

必要目数を作り、表に返したところ

5

作り目の1段め。
端の目を裏目で編む

6

編まずに右針に移す（すべり目）

7

次の目を裏目で編む。6、7を繰り返し、
端まですべり目と裏目を繰り返す

8
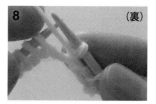
作り目の2段め。
前段で裏目を編んだ目を表目、
すべり目した目を編まずに
右針に移す（浮き目）

9
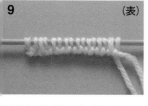
8を端まで繰り返し、表に返したところ。
3段め以降は、1目ゴム編みを編む。
前段で表目を編んだ目を裏目、
浮き目した目を表目で編む

輪編みの場合は、
9まで編んだら3本の針に分ける。
編み上がったら、編始めの糸で
段の変り目を縫い合わせる

2目ゴム編みで目を作る方法（すべり目の2目ゴム編み）

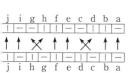
「1目ゴム編みの作り目」の
9までと同様に目を作る

1
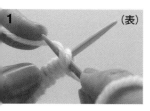
1目めを裏目で編む

2

次の目を表目で編む

3

次の目は前段が裏目に
なっているので、その目を外して
おいてさらに次の表目を編む

4

表目2、裏目2が
連続するように
糸をかけ替えながら編む

[編み目記号]

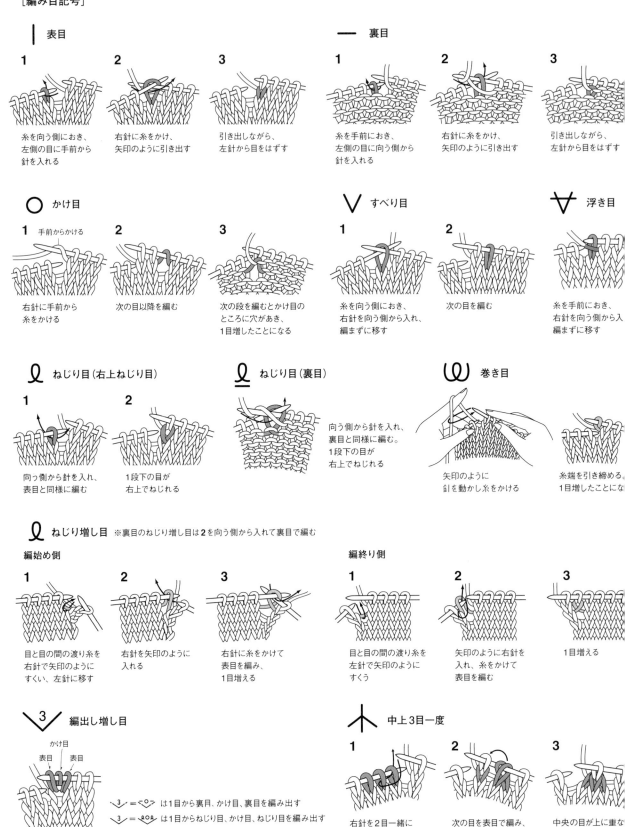

入 右上2目一度

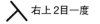

1
右針を手前から入れ、編まずに移し、次の目を表目で編む

2
編んだ目に移した目をかぶせる

3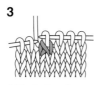
右側の目が上に重なり、1目減る

人 左上2目一度

1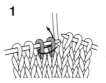
右針を2目一緒に矢印のように手前から入れる

2
糸をかけて表目を編む

3
左側の目が上に重なり、1目減る

入 右上2目一度（裏目）

1
右針を2目一緒に向う側から入れる

2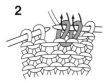
左針を矢印のように1目ずつ入れ、目を移す

3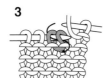
糸をかけて裏目を編む

4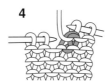
右側の目が上に重なる。1目減る

人 左上2目一度（裏目）

1
右針を2目一緒に向う側から入れる

2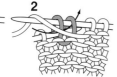
糸をかけて裏目を編む

3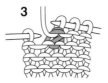
左側の目が上に重なる。1目減る

引上げ目（裏目）　※∩を裏の段で操作する際も同様に編む

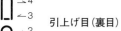

1
1段め（表）は裏目を編み、2段め（裏）でかけ目とすべり目する

2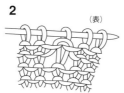
3段めで前段のかけ目とすべり目を一緒に裏目で編む

右上2目交差　※目数が異なる場合も同じ要領で編む

1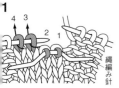
1と2の目を縄編み針に移して手前に休め、3と4の目を表目で編む

2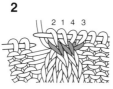
縄編み針で休めておいた1と2の目を表目で編む。右の2目が交差して上になる

左上2目交差　※目数が異なる場合も同じ要領で編む

1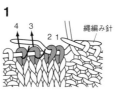
1と2の目を縄編み針に移して向う側に休め、3と4の目を表目で編む

2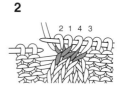
縄編み針で休めておいた1と2の目を表目で編む。左の2目が交差して上になる

右上交差（表目と裏目） ※目数が異なる場合も同じ要領で編む

1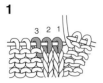
1と2の目を縄編み針に移す

2
縄編み針を手前に休め、3の目を裏目で編む

3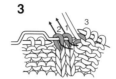
1と2の目を表目で編む

4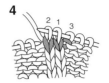
右上2目（表目）と1目（裏目）の交差の出来上り

左上交差（表目と裏目） ※目数が異なる場合も同じ要領で編む

1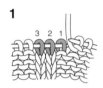
1の目を縄編み針に通して向う側に休める

2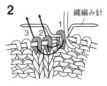
2と3の目を表目で編む

3
1の目を裏目で編む

4
左上2目（表目）と1目（裏目）の交差の出来上り

[止め]

● 伏止め

1
端の2目を表目で編み、1目めを2目めにかぶせる

2
表目を編み、かぶせることを繰り返す

3
最後の目は引き抜いて糸を締める

● 伏止め（裏目）

1
端の2目を裏目で編み、1目めを2目めにかぶせる

2
裏目を編み、かぶせることを繰り返す

3
最後の目は引き抜いて糸を締める

1目ゴム編み止め（輪編み）

1
1の目を飛ばして2の目の手前から針を入れて抜き、1の目は手前から、3の目は向う側から針を入れる

2
2の目に戻って向う側から入れ、4の目の手前から針を入れる。同じ要領で、表目どうし、裏目どうしに針を入れていく

3
一周し、編終り側の表目に手前から針を入れ、1の目に針を入れる

4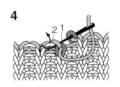
編終りの裏目に向う側から針を入れ、図のようにゴム編み止めをした糸をくぐり、2の裏目に針を入れて抜く

5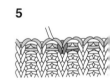
止め終わった状態

1目ゴム編み止め（右端が表目1目、左端が表目2目）

1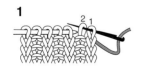
1の目は向う側から、2の目は手前から針を入れる

2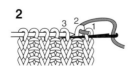
1の目は手前から、3の目は向う側から表目どうし、裏目どうしに針を入れる

3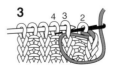
2の目は向う側から、4の目は手前から裏目どうしに針を入れる

4
2、3を繰り返し、裏目と左端の表目に図のように針を入れる

5
左端の表目2目に図のように針を入れて糸を引く

1目ゴム編み止め（右端の目が裏目）

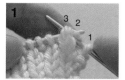  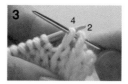 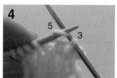 

1	2	3	4	5
1の目は向う側から 3の目は手前から針を入れる	糸を引く。この時、針から外している2の目がほどけないように注意する	2の目は手前から、4の目は向う側から表目どうしに針を入れる	3の目は向う側から、5の目は手前から裏目どうしに針を入れる	同じ要領で、表目どうし、裏目どうしに針を入れていく

2目ゴム編み止め（右端の目が裏目）

 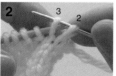  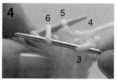 

1	2	3	4	5
1の目は向う側から針を入れ、糸を引く	2の目は手前から、3の目は向う側から表目どうしに針を入れる	2、3の表目を飛ばし、1の目は向う側から、4の目は手前から裏目どうしに針を入れる	4、5の裏目を飛ばし3と6の目に向う側から表目どうしに針を入れる	同じ要領で、表目どうし、裏目どうしに針を入れていく

［はぎ・とじ］

メリヤスはぎ

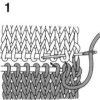

メリヤス目を作りながらはぎ合わせていく方法。
表を見ながら矢印のように右から左へ針を入れる

引抜きはぎ

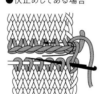 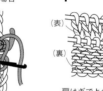

肩はぎでよく使う方法。
編み地を中表にして持ち、かぎ針で手前と向う側の1目ずつをとって引き抜く
※目を伏せている場合も同様

すくいとじ

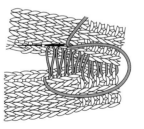

1目めと2目めの間に渡っている糸を
1段ずつ交互にすくう

引抜きとじ

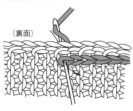

とじ合わせる2枚の編み地を
中表にして、端の1目内側に針を入れ、
向う側で糸をかけて引き抜く

［かぎ針編み］

引抜き編み

  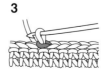

編み目に針を入れ、糸をかけて一度に引き抜く

引返し編み（編む目数を増していく引返し編み）

1 引返し編みの1段め（裏側）。端から引返し位置の手前まで編み進む（ここでは16目）

2 2段め（表側）。表側に返してかけ目をし、最初の目をすべり目（★）をする。次の目からは表目を編む（ここでは4目）

3 表目4目編んだところ

4 3段め（裏側）。裏側に返してかけ目をし、最初の目をすべり目（♡）をする。2ですべり目した目（★）まで裏目を編む（ここでは4目）。かけ目と次の目を入れ替える

5 矢印のように右針を入れ、2目一度に編む

6 続けて、次の引返し位置まで（ここでは合計3目）編む

7 4段め（表側）。表に返してかけ目をし、最初の目をすべり目（☆）し、4ですべり目した目（♡）まで表目で編む

8 かけ目と次の目を左上2目一度に編む。これを繰り返す

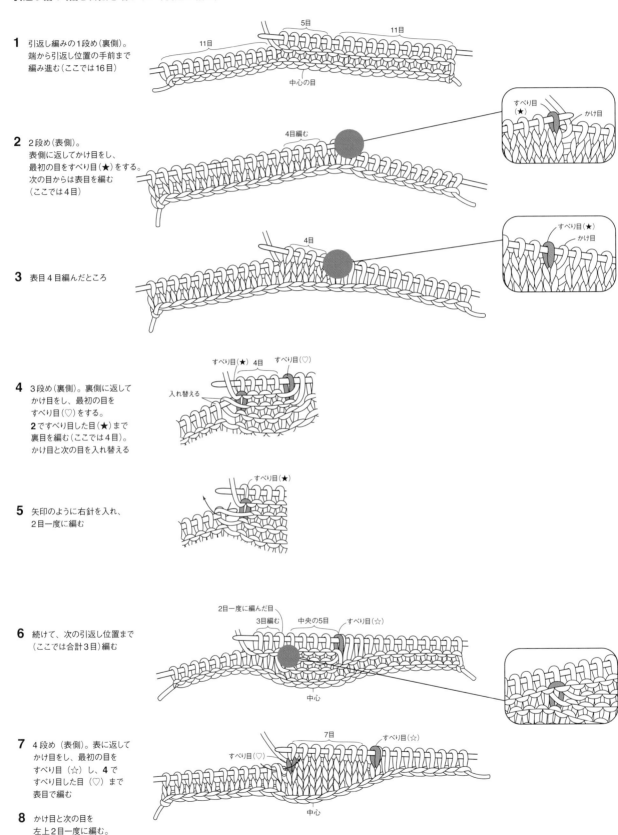

Vネックワンピース P.6

[糸] DARUMA メリノスタイル並太 ベージュ(4) 665g
[用具] 4号・8号2本棒針、4号4本棒針
[ゲージ] 2目ゴム編み(4号針・1本どり)26目37段が10cm四方　かのこ編み(8号針・2本どり)17.5目32段が10cm四方
　　　　メリヤス編み(4号針・1本どり)22.5目33段が10cm四方
[サイズ] バスト97cm／着丈109cm
[編み方] 糸は指定の本数で編みます。
スカートは2目ゴム編みで目を作る方法で188目作り目し、2目ゴム編みで往復に116段編みます。117段めから輪に編みますが、輪にするときにスリット止りの伸び防止に116段めの188目めと1目めの目を入れ替えて編みます。脇の部分を増減して編みます。後ろ身頃はスカートから74目拾い、両端で1目ずつ目を増し、かのこ編みで編みます。前身頃は後ろと同様に72目拾い、両端で1目ずつ増し、かのこ編みで編み、前あき部分を伏せ目にします。袖は2目ゴム編みで目を作る方法で58目作り目し、2目ゴム編み、メリヤス編みで編み、伏止めにします。前端をかのこ編みで編み、編終りは伏止めにします。肩を引抜きはぎにします。衿を2目ゴム編みで編み、編終りは2目ゴム編み止めにします。前後の脇、袖下をそれぞれすくいとじにします。袖を引抜きとじでつけます。

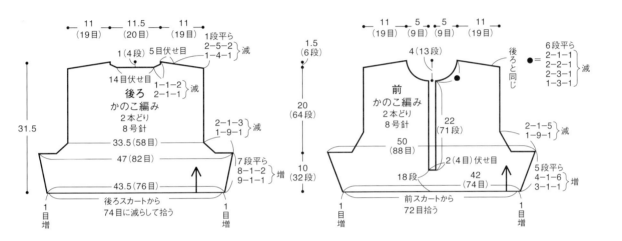

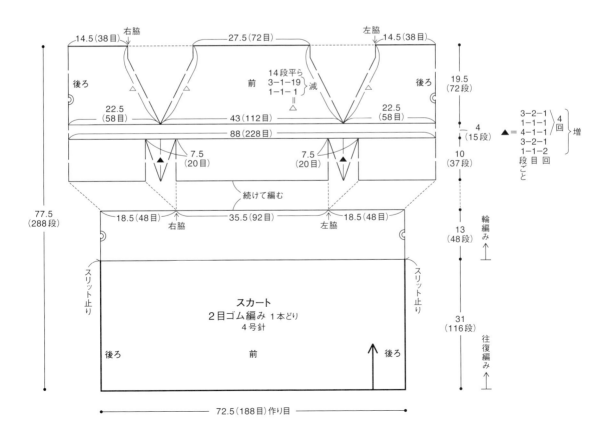

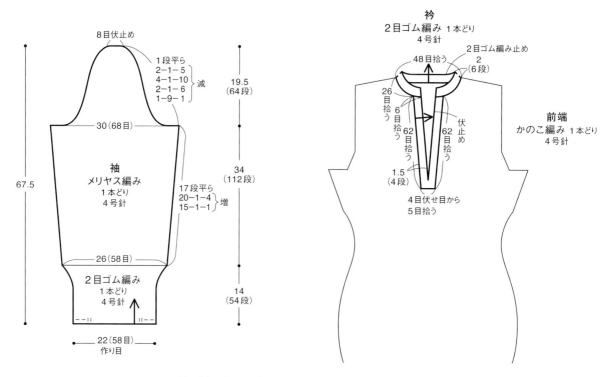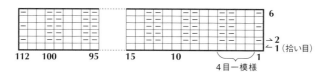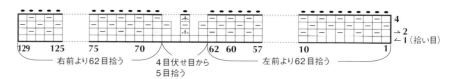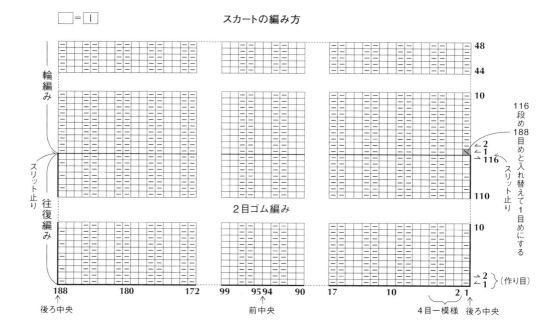

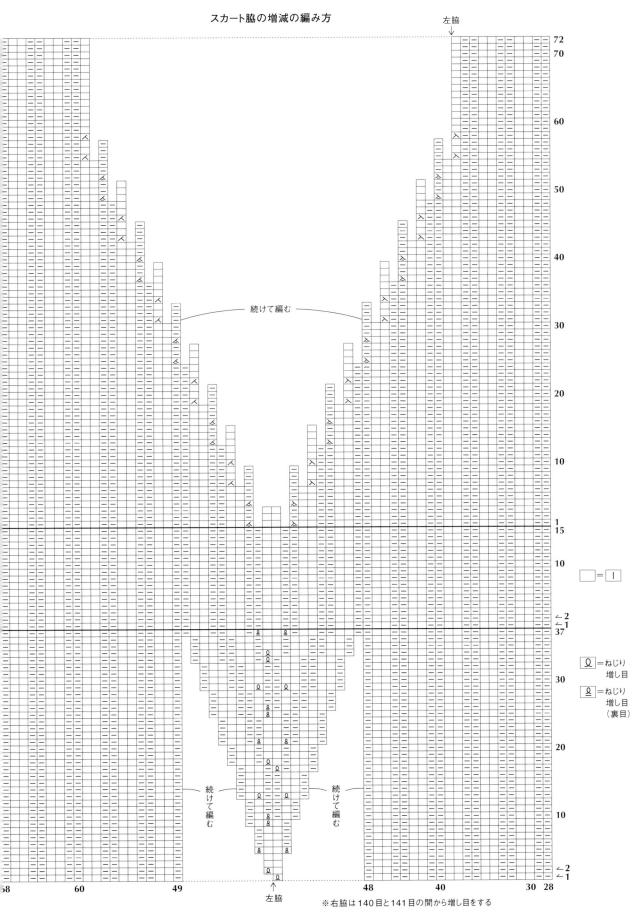

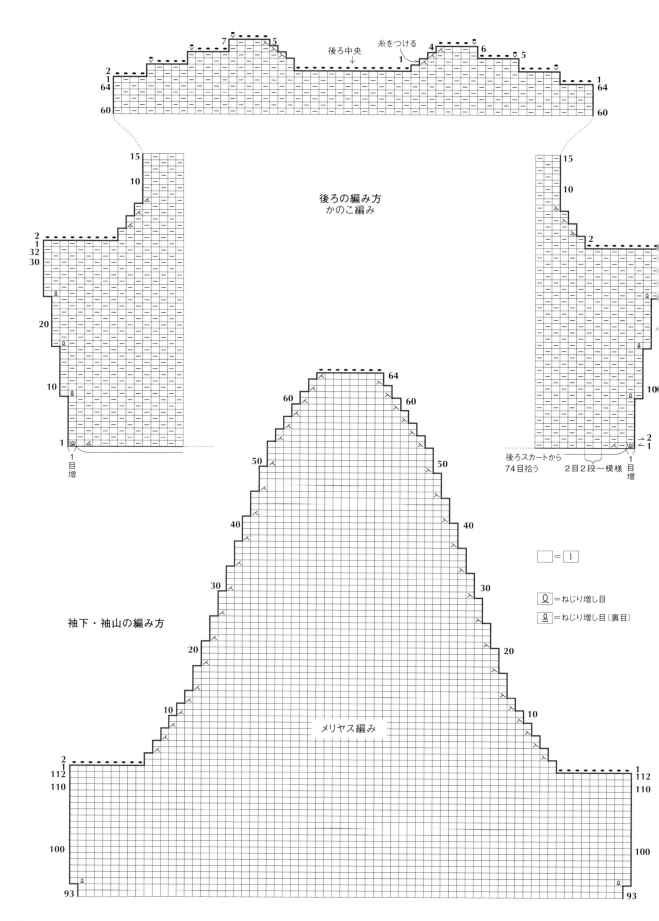

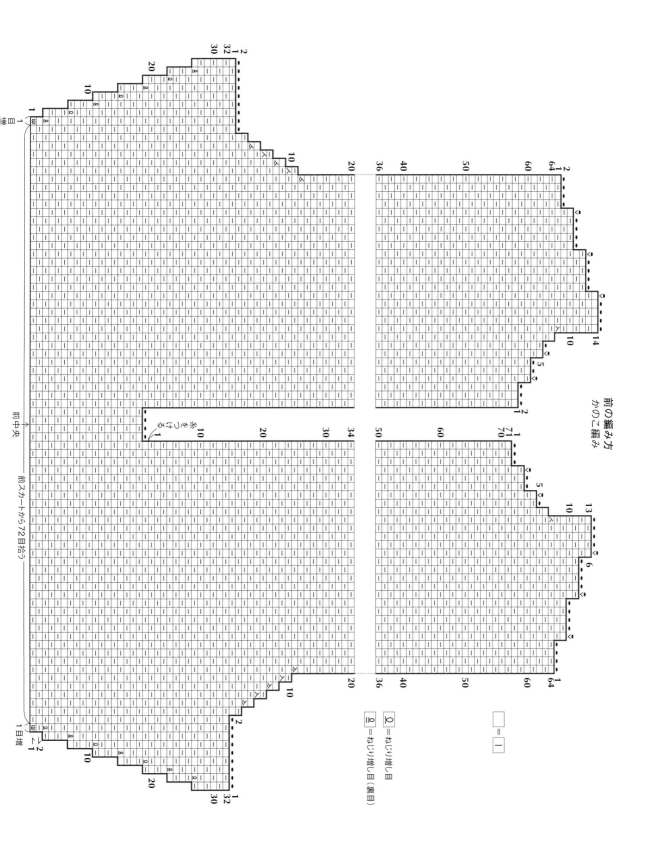

ワンショルダープルオーバー P.8

[糸] ハマナカ ソノモノアルパカウール オフホワイト(41) 510g
[用具] 5号2本針、5号4本針、縄編み針
[ゲージ] メリヤス編み 24.5目30段が10cm四方　模様編みA 29目30段が10cm四方　模様編みB 27.5目31.5段が10cm四方
[サイズ] バスト86.5cm／着丈54cm
[編み方] 糸は1本どりで編みます。

後ろ身頃は1目ゴム編みで目を作る方法で102目作り目し、ねじり1目ゴム編み、メリヤス編みで編み、肩の目を休めます。前身頃は後ろと同様に122目作り目し、ねじり1目ゴム編み、模様編みAで編み、肩の目を休めます。右袖は後ろと同様に54目作り目し、ねじり1目ゴム編み、裏メリヤス編み、模様編みBで編み、編終りは伏止めにします。肩を引抜きはぎにします。脇、袖下をそれぞれすくいとじにします。かぶり口をねじり1目ゴム編みで輪に編み、編終りは1目ゴム編み止めにします。袖を引抜きとじでつけます。

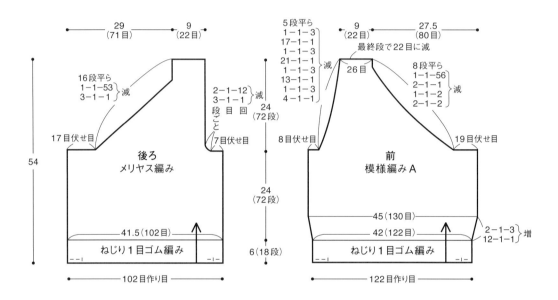

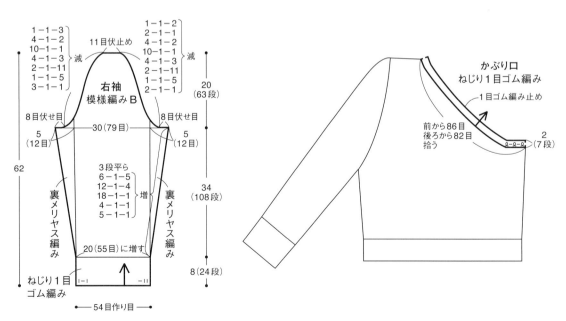

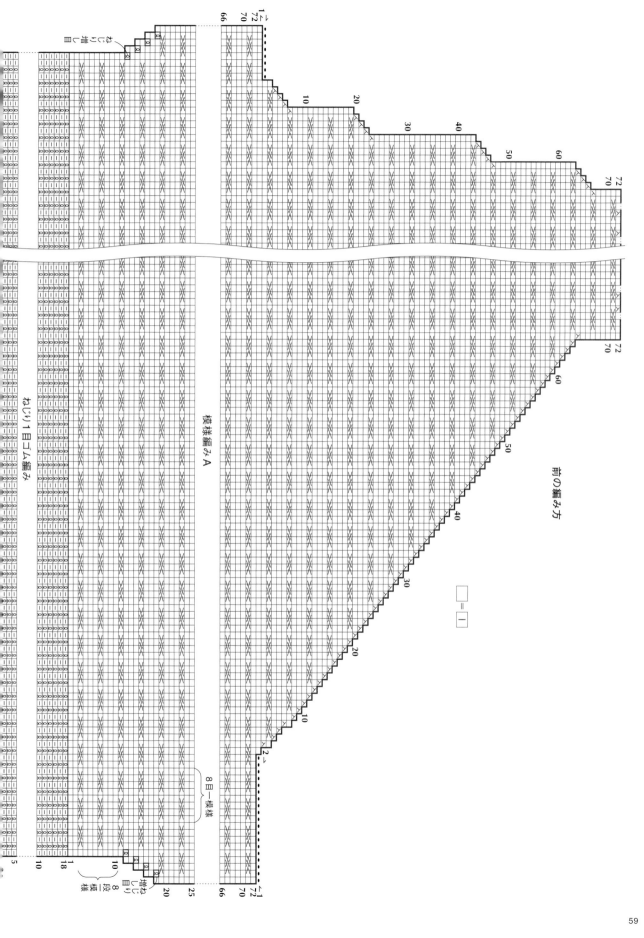

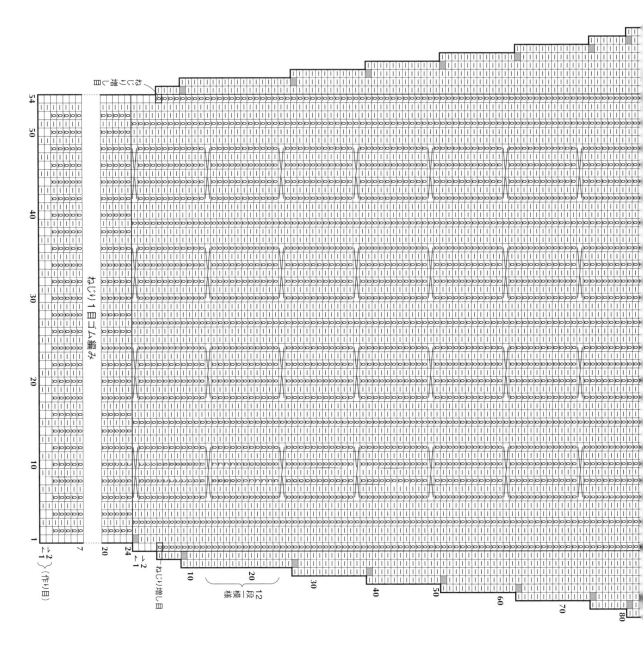
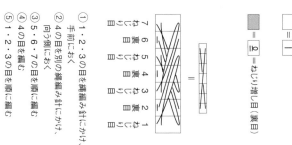

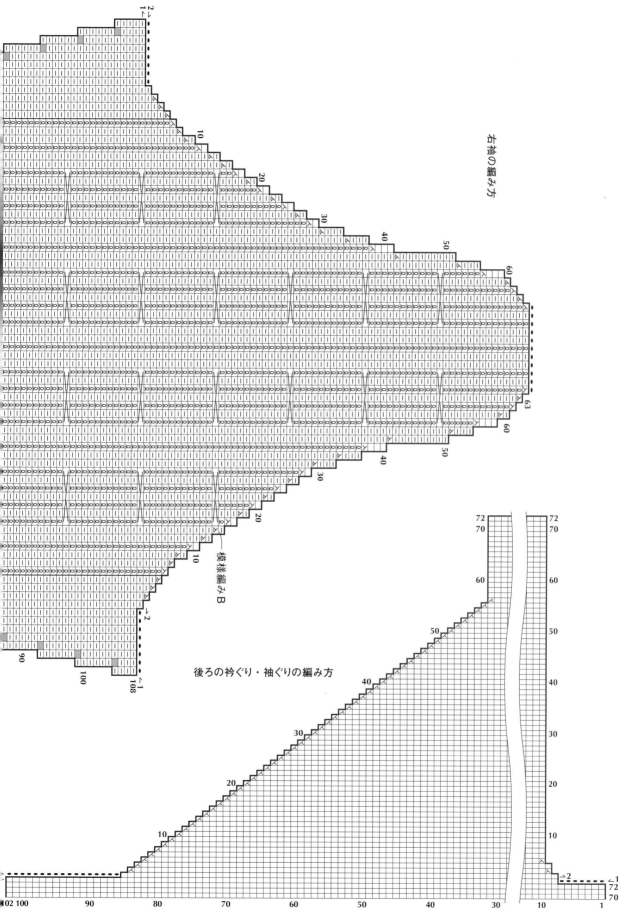

ブルマー　P.12

- [糸]　パピー フォルトゥーナ キャメル（2208）70g
- [用具]　4号2本棒針
- [ゲージ]　メリヤス編み 26目34段が10cm四方
- [サイズ]　ウエスト66cm／前丈（クロッチ部分除く）23.5cm
- [付属品]　ゴムテープ0.6cm幅68cm、スナップ（10mm）2組み
- [編み方]　糸は1本どりで編みます。

後ろクロッチは1目ゴム編みで目を作る方法で20目作り目し、1目ゴム編みで編み、後ろの両脇をかのこ編み、中央をメリヤス編みで引返しをしながら編みます。続けて表ベルトを2目ゴム編み、裏ベルトを裏メリヤス編みで編み、編終りは伏止めにします。前も後ろと同様に編みます。脇をすくいとじにします。ゴムテープを輪にして縫い、裏ベルトを内側に折った中に入れ、まつります。前後クロッチにスナップをつけます。

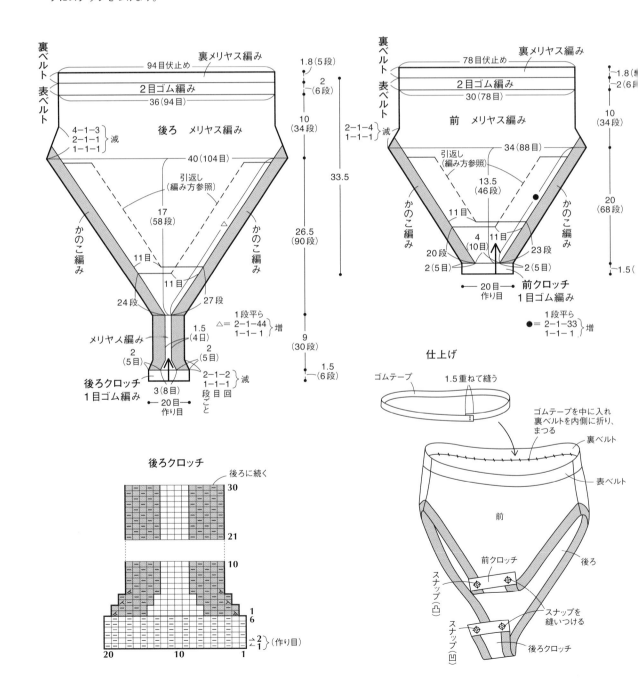

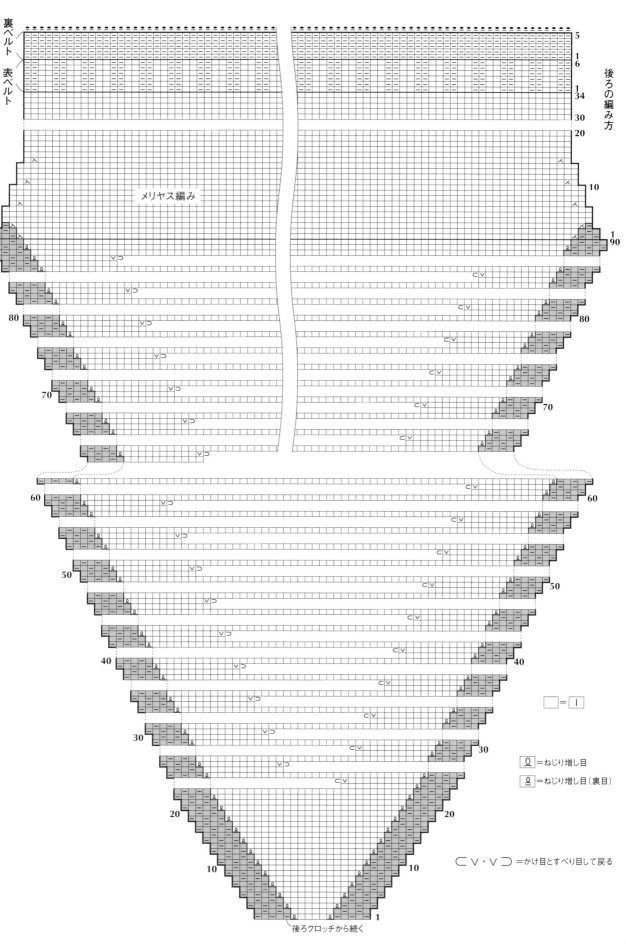

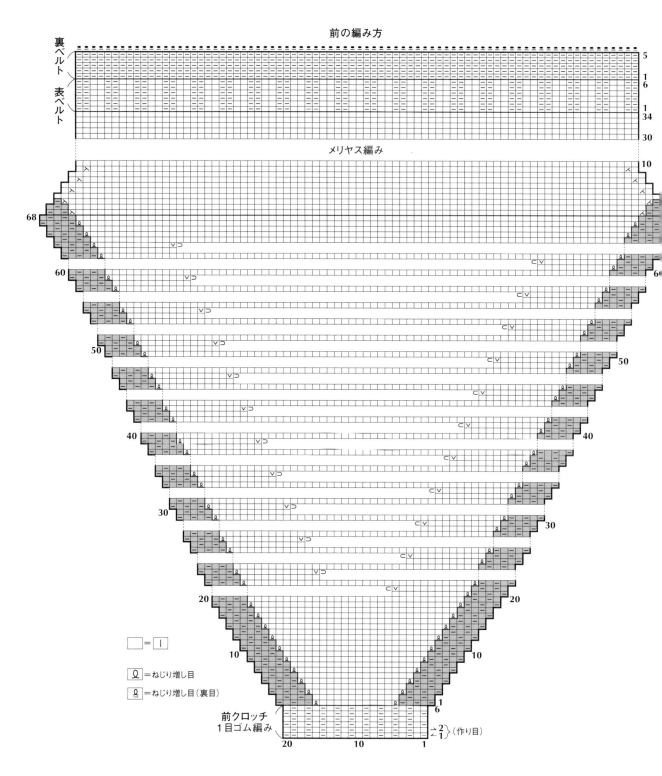

カーディガン P.10

- [糸] パピー ブリティッシュエロイカ 杢ベージュ (143) 1500g (ベルト含む)
- [用具] 12号輪針 (60cm)、12号2本棒針、縄編み針
- [ゲージ] かのこ編み 15目26段が10cm四方
- [サイズ] 後ろ身幅63cm／着丈57.5cm
- [編み方] 糸は2本どりで編みます。

後ろは2目ゴム編みで目を作る方法で94目作り目し、2目ゴム編み、かのこ編みで編みます。右前は後ろと同様に作り目し、2目ゴム編み、かのこ編み、模様編みAで編みます。左前は右前と左右対称に2目ゴム編み、かのこ編み、模様編みA'で編みます。袖は後ろと同様に34目作り目し、2目ゴム編み、かのこ編み、模様編みBで編み、編終りは伏止めにします。袖まちは指に糸をかけて目を作る方法で18目作り目し、ガーター編みで編み、編終りは伏止めにします。ベルトは袖まちと同様に8目作り目し、ガーター編みで編み、編終りは伏止めにします。肩を引抜きはぎにします。脇、袖と袖まちをすくいとじにします。衿、前立てを2目ゴム編みで編み、編終りは2目ゴム編み止めにします。袖を引抜きとじでつけます。

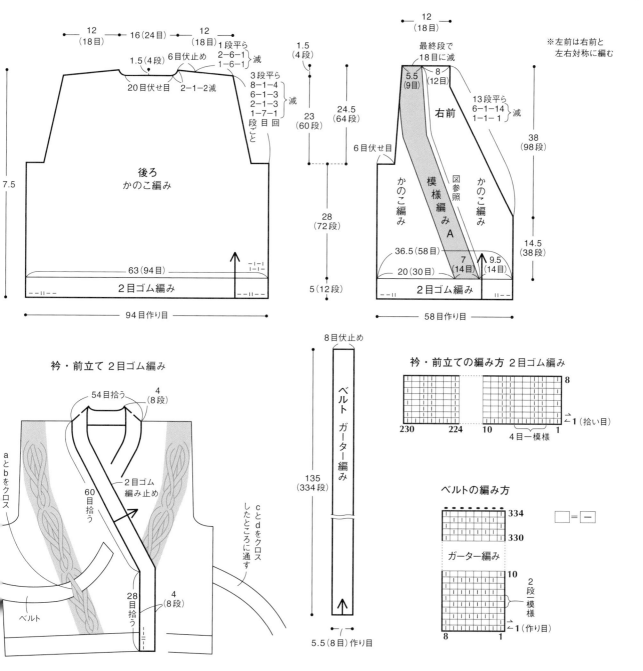

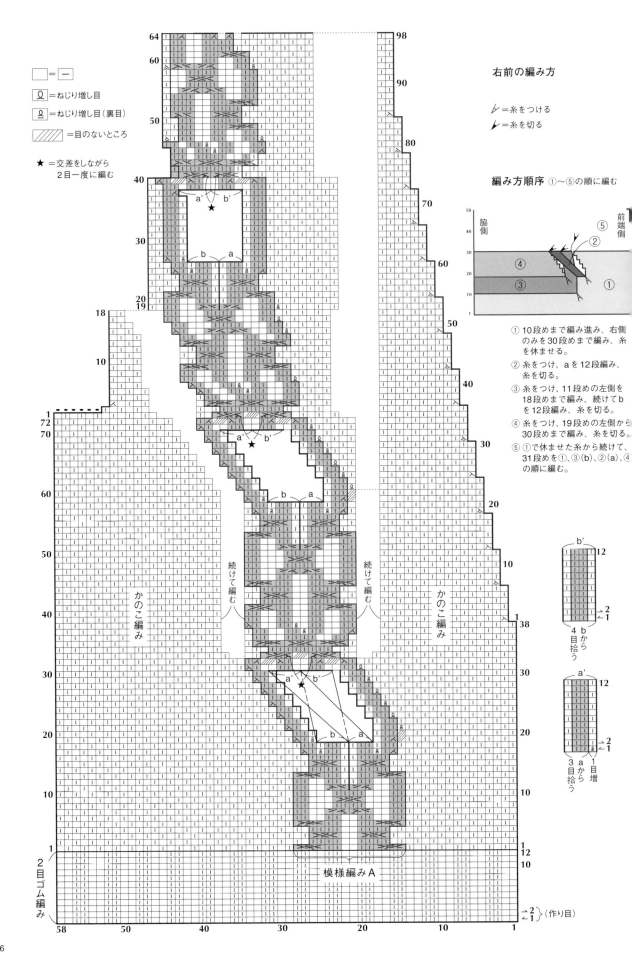

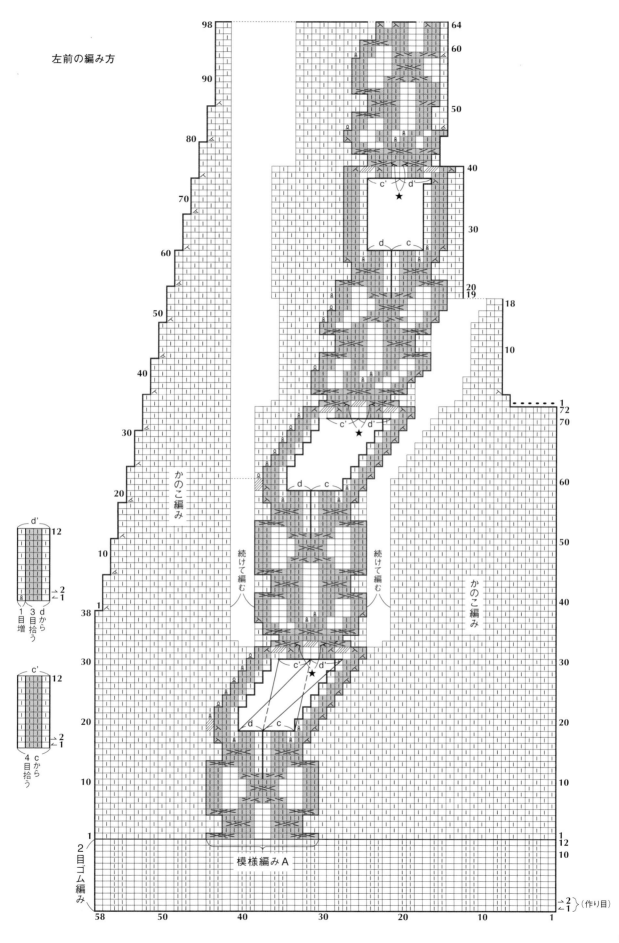

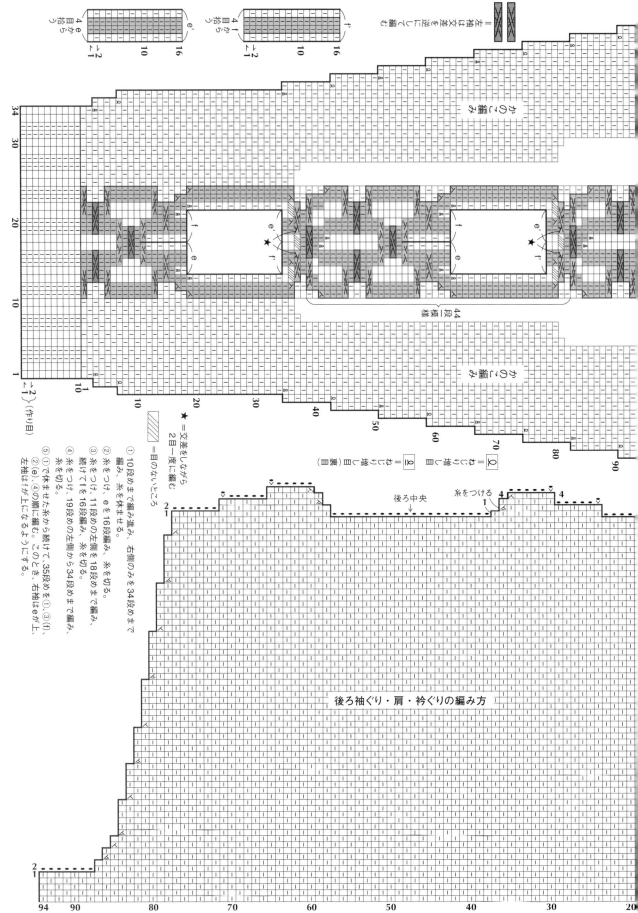

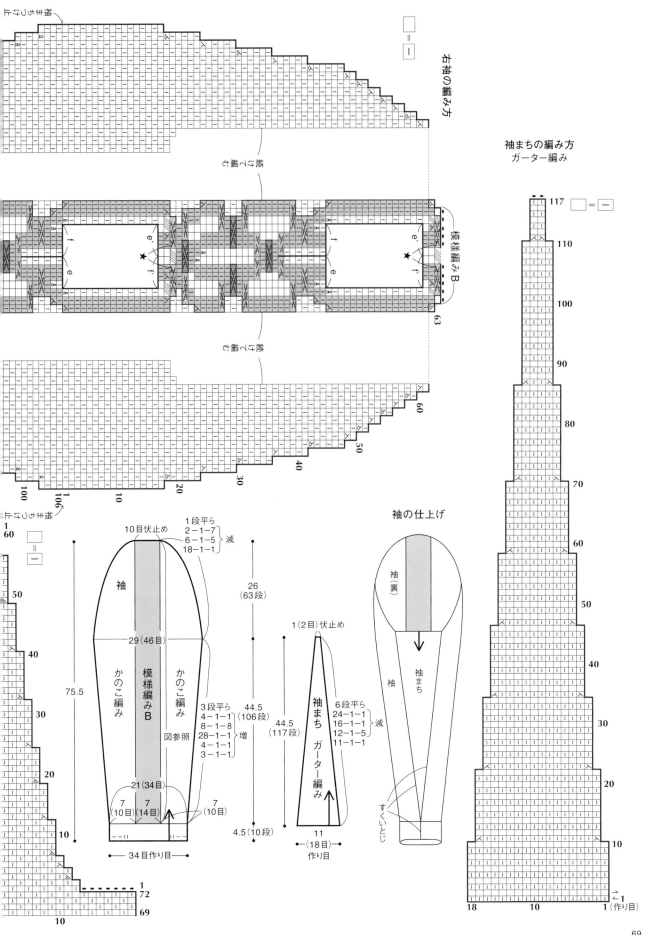

Vネックプルオーバー P.12

[糸]　パピー フォルトゥーナ キャメル(2208) 380g
[用具]　6号・8号2本棒針
[ゲージ]　かのこ編み(8号針) 20目27.5段が10cm四方
[サイズ]　バスト92cm／着丈47.5cm
[編み方]　糸は2本どりで編みます。
後ろ身頃は2目ゴム編みで目を作る方法で90目作り目し、2目ゴム編み、かのこ編みで編みます。前身頃は後ろと同様に74目作り目し、2目ゴム編み、かのこ編みで編み、前あき部分を伏せ目にします。袖は前後と同様に46目作り目し、2目ゴム編み、かのこ編みで編み、伏止めにします。前端をかのこ編みで編み、編終りは伏せ目にします。肩を引抜きはぎにします。衿を2目ゴム編みで編み、編終りは2目ゴム編み止めにします。脇、袖下をそれぞれすくいとじにします。袖を引抜きとじでつけます。

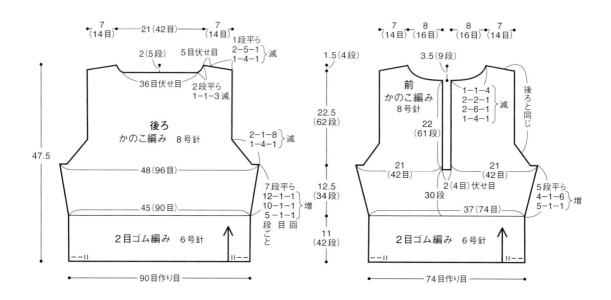

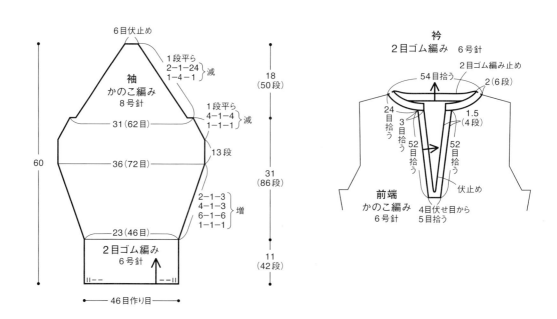

衿の編み方　2目ゴム編み

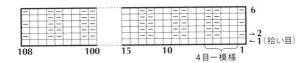

前端の編み方　かのこ編み

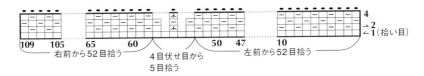

後ろ肩、衿ぐりの編み方

後ろ脇、袖ぐりの編み方

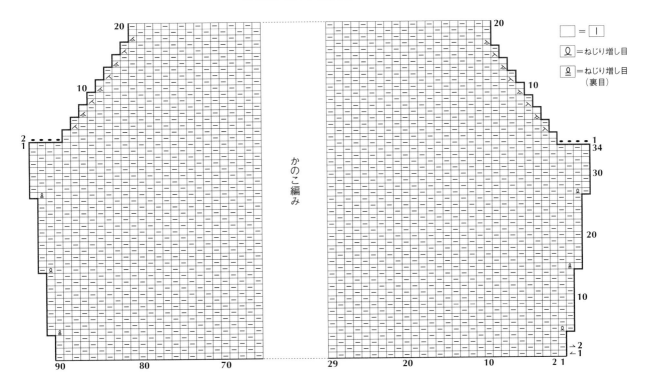

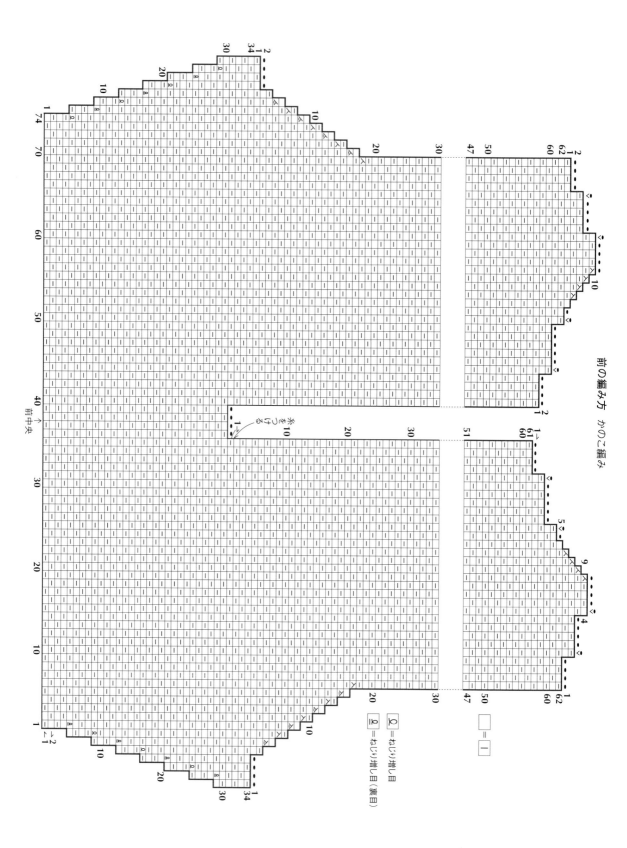

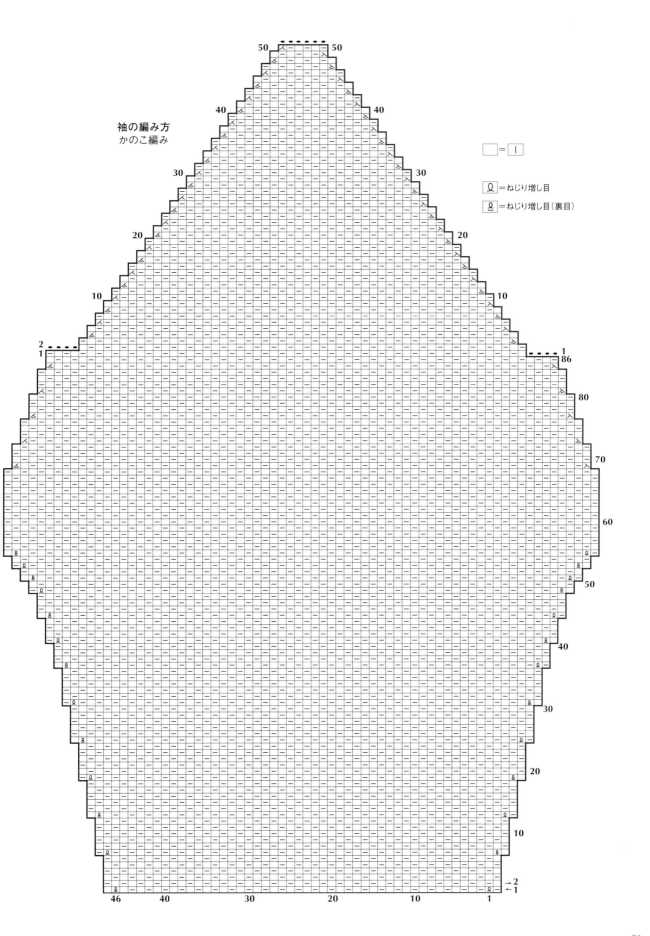

レギンス P.14

[糸] DARUMA 空気をまぜて糸にしたウールアルパカ 黒(9) 620g
[用具] 4号4本棒針
[ゲージ] 1目ゴム編み 20目35段が10cm四方
[サイズ] ウエスト88cm／パンツ丈117cm
[付属品] ゴムテープ 2.5cm幅70cm（各自の寸法に合わせて調整する）
[編み方] 糸は2本どりで編みます。

左足は1目ゴム編みで目を作る方法で48目作り目し、股下を1目ゴム編みで輪に編みます。股上は往復に編み、編終りの目を休めます。右足は左足と同様に目を作り、左右対称に編みます。左右の後ろ股上の13目伏せ目部分を中表に合わせて引抜きはぎにし、表に返して前後中央をそれぞれすくいとじにします。ウエストの休み目から目を拾い、表ベルトをメリヤス編み、裏ベルトを1目ゴム編みで輪に編み、編終りは伏止めにします。ゴムテープを輪にして縫い、裏ベルトを内側に折った中に入れ、まつります。

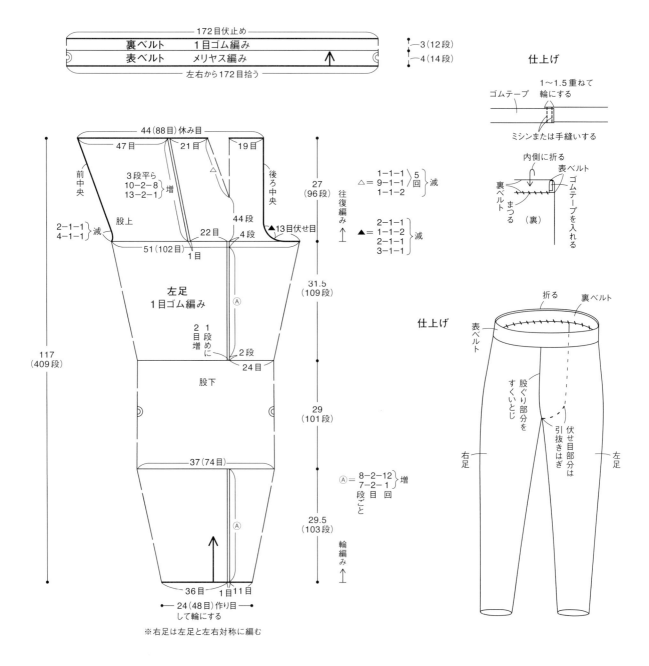

左股下部分の増し方

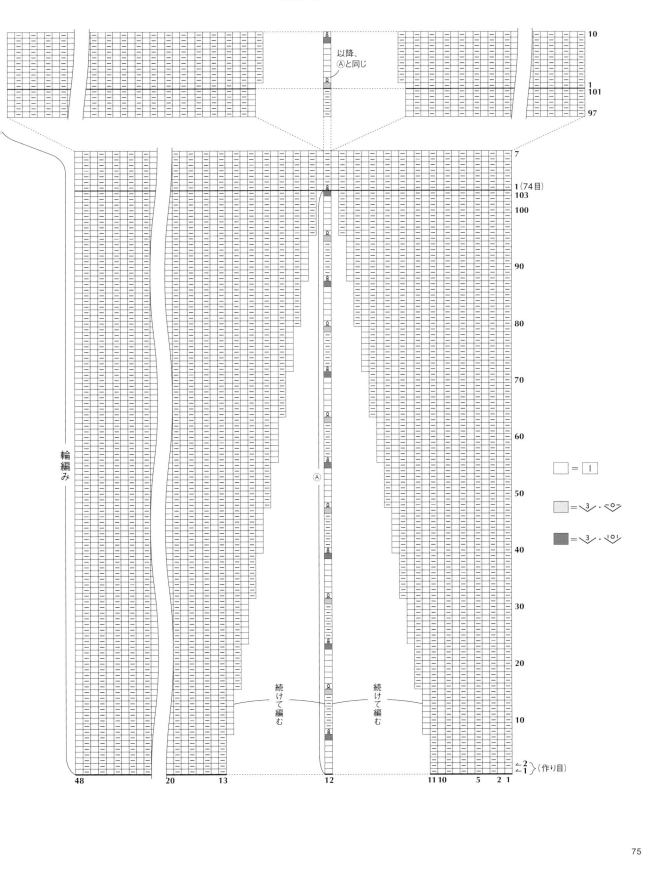

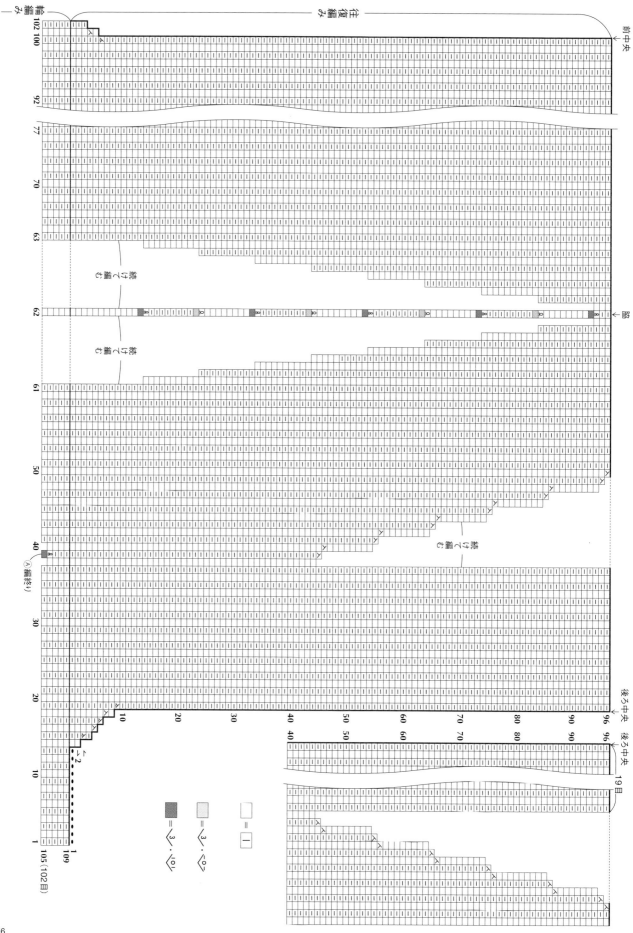

グローブ P.18

[糸] パピー フォルトゥーナ キャメル(2208) 170g
[用具] 3号2本棒針、3号4本棒針、縄編み針
[ゲージ] ねじり1目ゴム編み 31.5目34段が10cm四方
メリヤス編み 26.5目34段が10cm四方
[サイズ] 手首回り19cm

[編み方] 糸は2本どりで編みます。
手首は指に糸をかけて目を作る方法で20目作り目し、模様編みAで編み、編終りの目を休めます。作り目と編終りの休み目をメリヤスはぎにします。
手首から52目拾い、腕をねじり1目ゴム編みで輪に編み、編終りの目を1目ゴム編み止めにします。
手首の反対側から56目拾い、てのひらA・甲Aをメリヤス編み、ねじり1目ゴム編みで輪に編みます。親指は拾い目と作り目をして(△)、ねじり1目ゴム編みで輪に編み、編終りの目を休めます。てのひらA・甲A(●・○)と親指(△)から目を拾い、てのひらB・甲Bをメリヤス編み、ねじり1目ゴム編みで輪に編みます。人さし指は甲B(■・◎)から目を拾い、続けて作り目して(□)輪に編み、編終りの目を休めます。
3本指を人さし指(□)・てのひらB・甲B(★・☆)から目を拾い、メリヤス編み、ねじり1目ゴム編みで輪に編み、編終りの目を休め、甲側とてのひら側の目をメリヤスはぎにします。親指と人さし指の休み目に糸を2回通し、絞ります。左手は右手と左右対称に編みます。

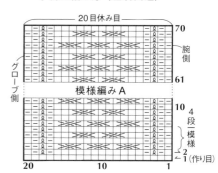

手首の編み方（左右共通）

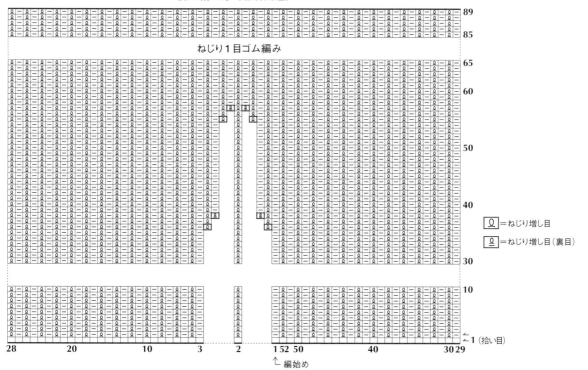

腕の編み方（左右共通）

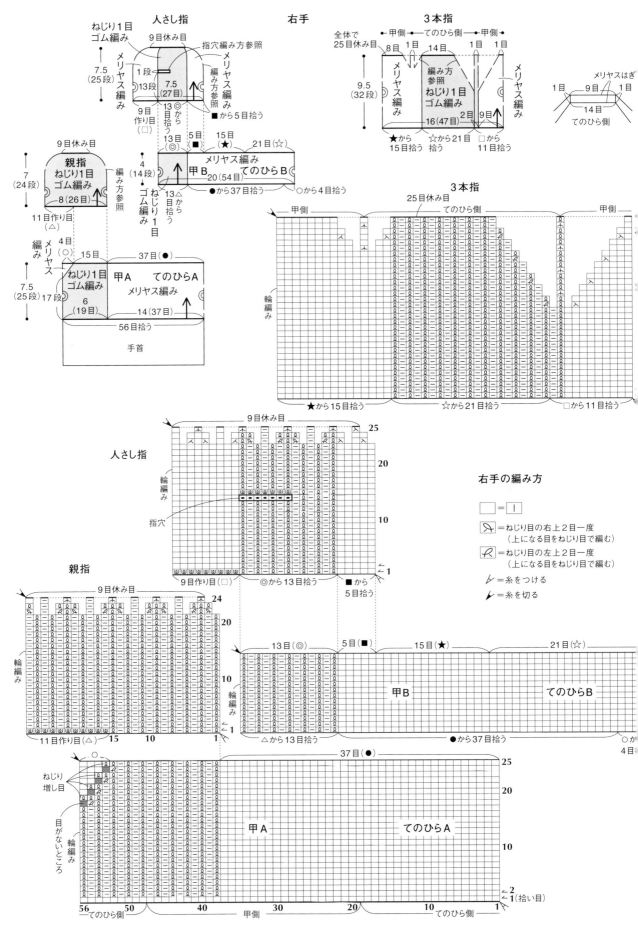

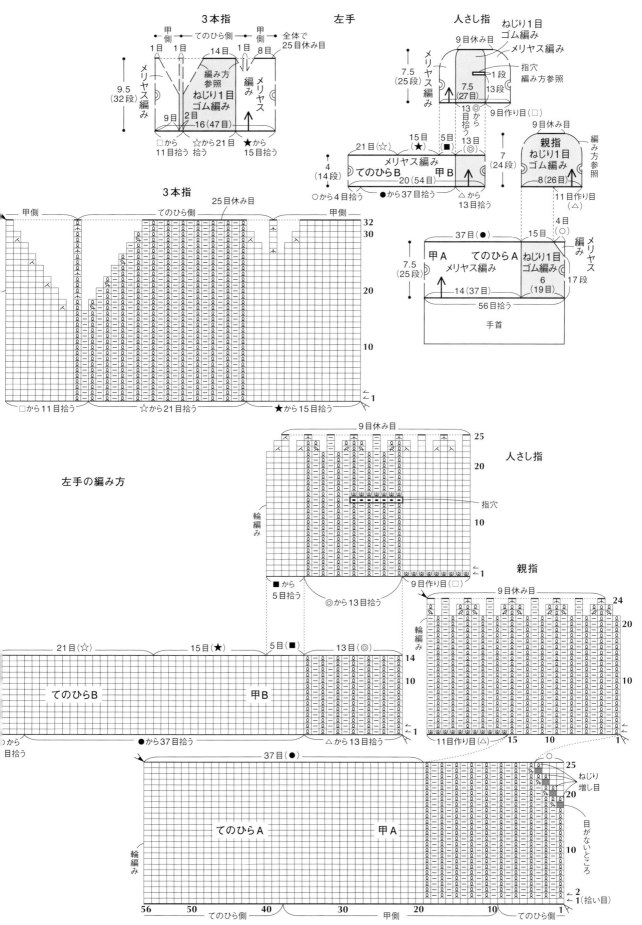

フーディ P.16

- [糸] リッチモア カシミヤ 黒(115)160g
- [用具] 5号2本棒針
- [ゲージ] ガーター編み(ストールは除く)21目38段が10cm四方
- [サイズ] 顔回り53cm／ストール長さ60cm
- [編み方] 糸は2本どりで編みます。

後ろAは指に糸をかけて目を作る方法で15目作り目し、ガーター編みで編み、編終りの目を休めます。後ろBは後ろAの作り目から目を拾い、ねじり1目ゴム編みで編み、編終りの目を1目ゴム編み止めにします。本体は後ろAの両脇から目を拾い、ガーター編みで途中引返しをしながら編み、ねじり1目ゴム編みを編み、編終りの目を1目ゴム編み止めにします。ストールは本体から目を拾い、ガーター編みで左右対称に編み、最後の1目は糸を引き抜き、始末します。本体と後ろBの□・■どうしをそれぞれすくいとじにします。

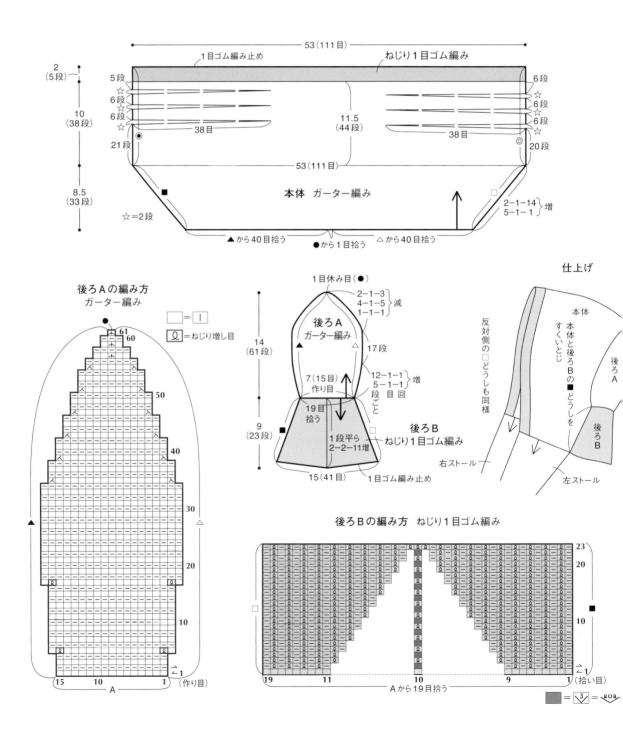

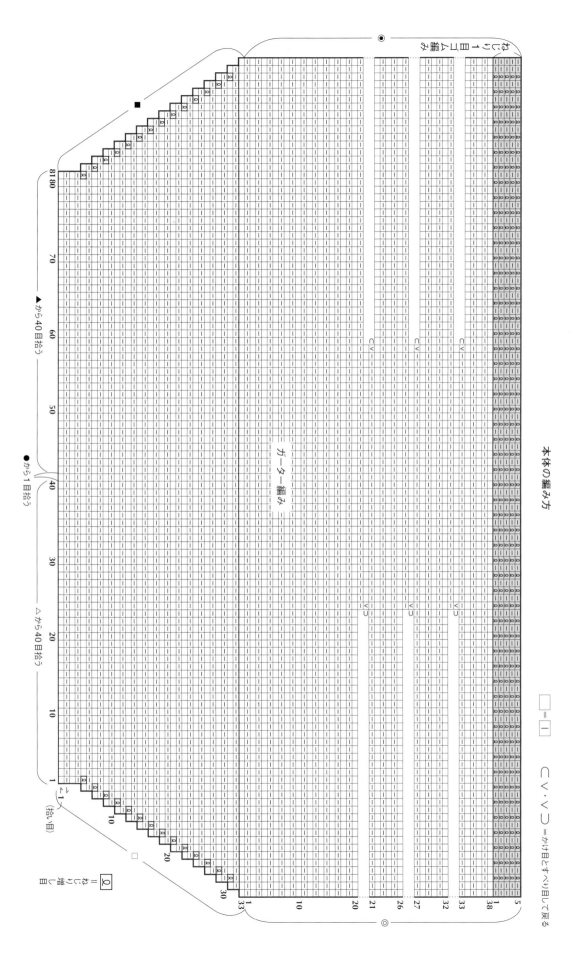

本体の編み方

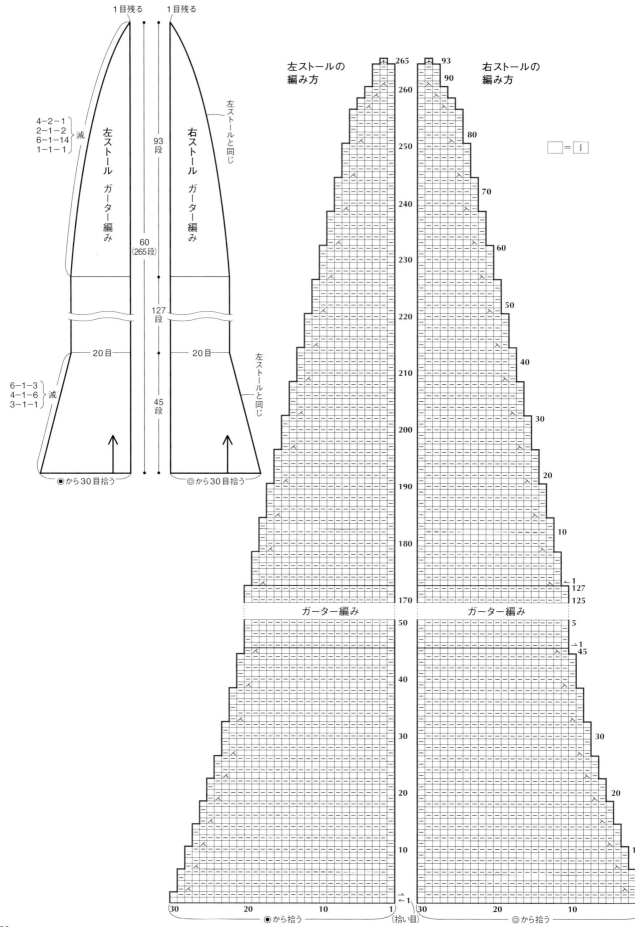

タビソックス P.19

[糸] DARUMA 空気をまぜて糸にしたウールアルパカ オフホワイト(1) 235g
[用具] 3号4本棒針、縄編み針
[ゲージ] ねじり1目ゴム編み 37.5目36段が10cm四方
[サイズ] 足首回り24cm／足のサイズ約24cm
[編み方] 糸は1本どりで編みます。

右足は1目ゴム編みで目を作る方法で90目作り目し、ねじり1目ゴム編み、模様編みAで輪に編みます。54目休め、かかとを足首から続けて模様編みBで往復に編み、編終りの目を休めます。甲・底は足首の休み目・かかとの両脇（△・▲）とかかとの休み目から目を拾い、ねじり1目ゴム編み、模様編みA、模様編みB、メリヤス編みで輪に編み、編終りをそれぞれの印ごとに休めます。親指は○・●から目を拾い、7目作り目（☆）してねじり1目ゴム編み、模様編みAで輪に編み、編終りの目を休めます。つま先は☆・■・□から目を拾い、メリヤス編み、ねじり1目ゴム編み、模様編みAで輪に編み、編終りの目を休めます。親指とつま先の休み目に糸を2回通し、絞ります。左足は右足と左右対称に編みます。

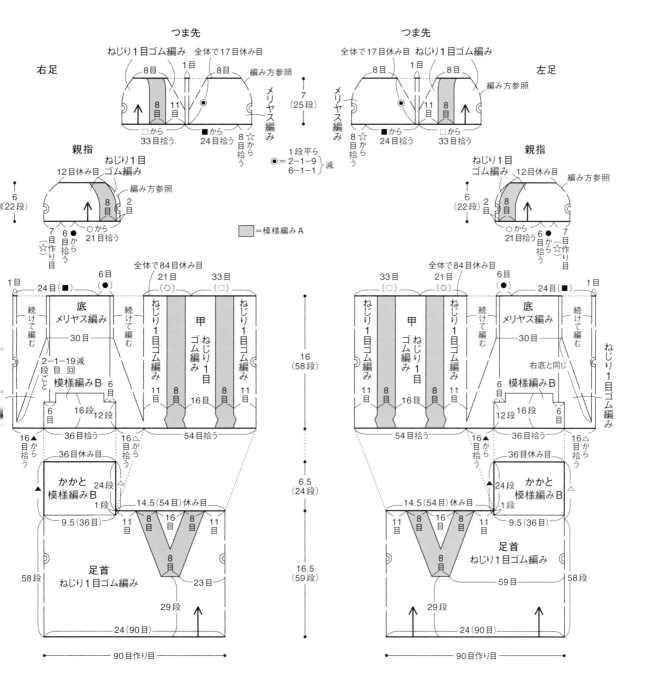

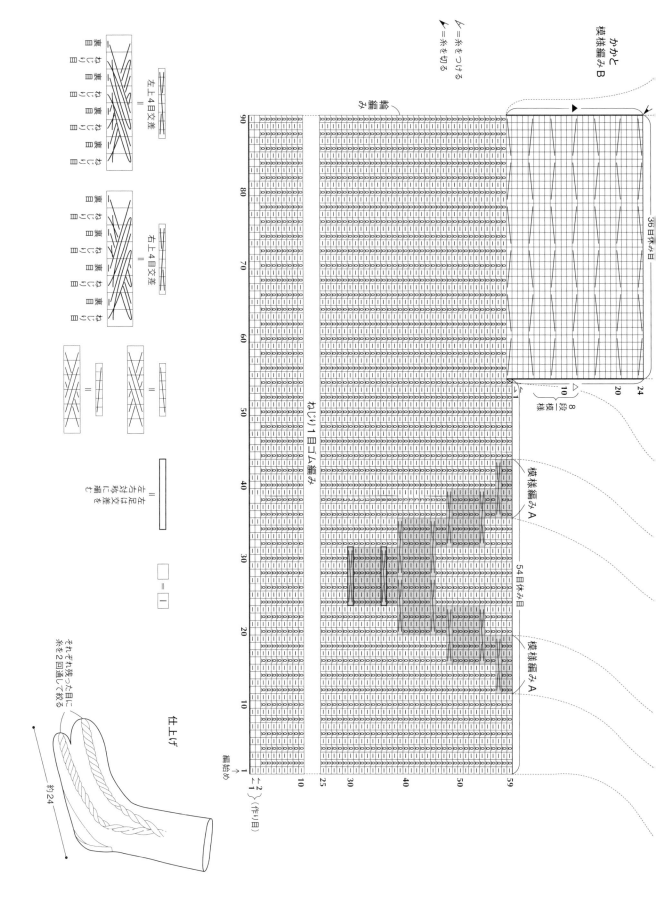

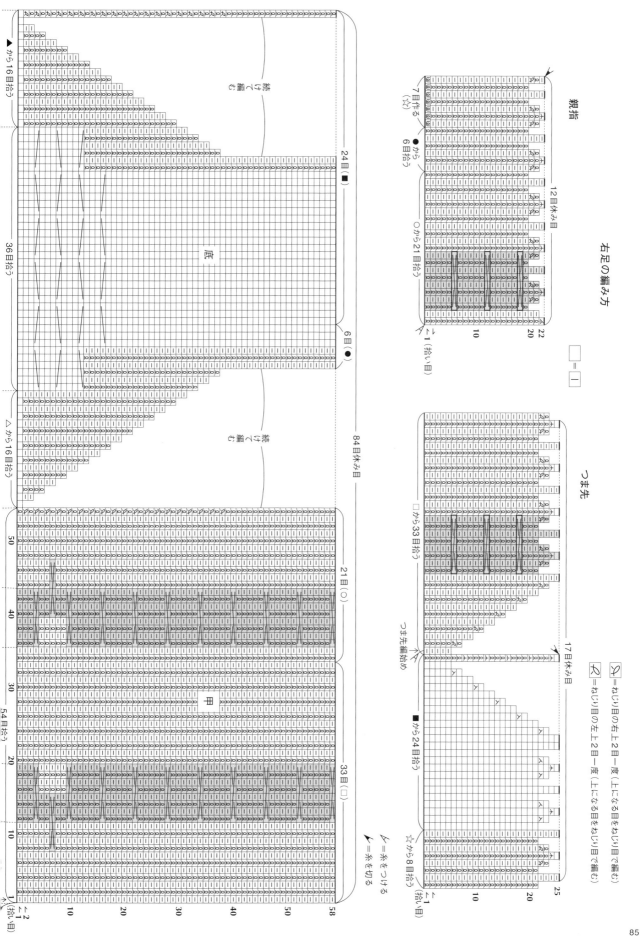

クルーネックプルオーバー P.32

- [糸] DARUMA メリノスタイル並太 ダークグレー（18）1220g
- [用具] 10号2本棒針、10号4本棒針
- [ゲージ] イギリスゴム編み 15目38段が10cm四方
- [サイズ] バスト153cm／着丈64cm
- [編み方] 糸は2本どりで編みます。

前後身頃は1目ゴム編みの作り目の方法で115目作り目し、ねじり1目ゴム編み、イギリスゴム編みで編みます。袖は前後と同様に37目作り目し、ねじり1目ゴム編み、イギリスゴム編みで編み、編終りを伏止めにします。肩を引抜きはぎにします。衿をねじり1目ゴム編みで輪に編み、編終りを1目ゴム編み止めにします。脇、袖下をそれぞれすくいとじにします。袖を引抜きとじでつけます。

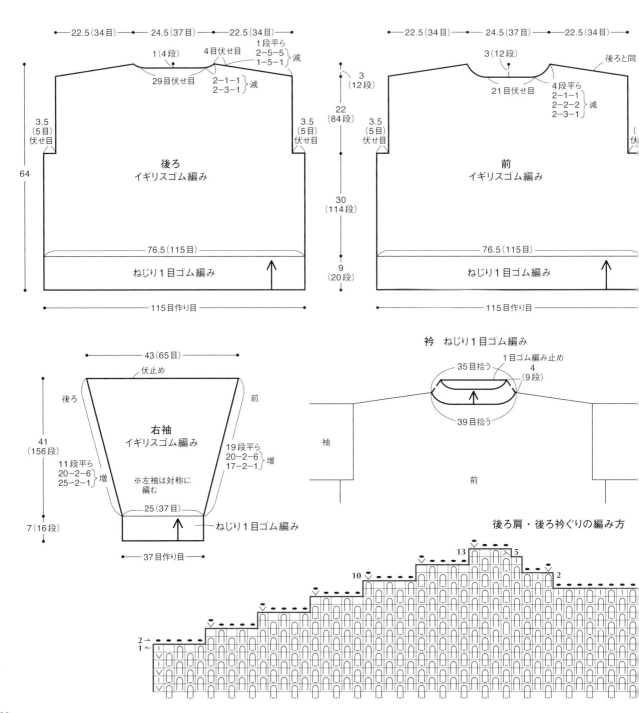

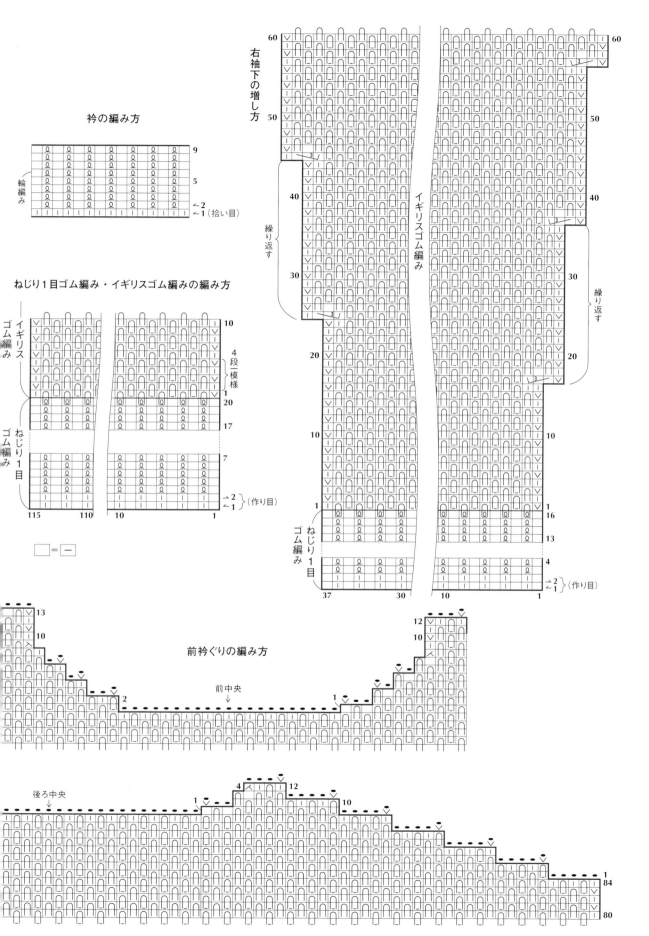

三上 純

JUN MIKAMI デザイナー。
文化服装学院を経て大塚テキスタイルデザイン専門学校を卒業後、アパレルメーカーにてデザイナーを経験。
その後、フリーランスとしてブランドへデザイン提供を行なうと共に、
糸の染色からデザイン、製作にわたる幅広い知識を生かしハンドニットのセミオーダー受注を開始する。
2012年よりJUN MIKAMIを始動。
http://junmikami.com

デザイン・スタイリング	三上 純
撮影	山内聡美（カバー、P.2〜33、38〜41）、北浦敦子（P.36、37）、鈴木真貴（P.42〜44、47、49、51）
ブックデザイン	西 崇徳（Multiples）、橋口清史（tannin）
モデル	山村紘未（friday）
ヘア＆メイク	NORI（W）
プロップ	日向 守
編み方解説	柳沢ゆり
トレース	たまスタヂオ
校閲	西村弥寿子、向井雅子
編集	鈴木理恵（TRYOUT）、三角紗綾子（文化出版局）

［衣装協力］
JUN MIKAMI

［素材提供］
クロバー TEL.06-6978-2277（お客様係） https://clover.co.jp
DARUMA（横田） TEL.06-6251-2183（代） http://www.daruma-ito.co.jp
パピー（ダイドーフォワード） TEL.03-3257-7135 http://www.puppyarn.com
ハマナカ TEL.075-463-5151（代） http://hamanaka.co.jp
リッチモア（ハマナカ） TEL.075-463-5151（代）

JUN MIKAMIを編む

2019年10月6日　第1刷発行

著　者　三上 純
発行者　濱田勝宏
発行所　学校法人文化学園 文化出版局
　　　　〒151-8524 東京都渋谷区代々木3-22-1
　　　　TEL.03-3299-2487（編集）
　　　　TEL.03-3299-2540（営業）
印刷所・製本所　株式会社文化カラー印刷

©Jun Kose 2019　Printed in Japan
本書の写真、カット及び内容の無断転載を禁じます。

・本書のコピー、スキャン、デジタル化等の無断複製は著作権法上での例外を除き、禁じられています。
　本書を代行業者等の第三者に依頼してスキャンやデジタル化することは、たとえ個人や家庭内での利用でも著作権法違反になります。
・本書で紹介した作品の全部または一部を商品化、複製頒布、及びコンクールなどの応募作品として出品することは禁じられています。
・撮影状況や印刷により、作品の色は実物と多少異なる場合があります。ご了承ください。

文化出版局のホームページ　http://books.bunka.ac.jp/